JN060626

アンソニー・ティルク／ANTHONY TILKE

国際バカロレア教育と学校図書館

探究学習を支援する

THE INTERNATIONAL BACCALAUREATE
DIPLOMA PROGRAM AND THE SCHOOL LIBRARY
INQUIRY BASED EDUCATION

監訳｜根本 彰　　SUPERVISER ｜ AKIRA NEMOTO
訳　｜中田 彩　　TRANSLATORS ｜ AYA NAKATA
　　　松田ユリ子　　　　　　　　YURIKO MATSUDA

学文社

*THE INTERNATIONAL BACCALAUREATE DIPLOMA PROGRAM
AND THE SCHOOL LIBRARY : INQUIRY-BASED EDUCATION*
by Anthony Tilke
Copyright © 2011 by Anthony Tilke
Published by Libraries Unlimited
An Imprint of ABC-CLIO, LLC
Manufactured in the United States of America

Japanese translation published by arrangement with Anthony Tilke
through The English Agency (Japan) Ltd.

　国際バカロレア・ディプロマプログラム（IBDP）は，探究に焦点を当てたカリキュラムであり，学校図書館の役割はこのプログラムを支援し，発展させることです。もちろん，それを実際に行うのは，学校図書館の運営と教育をダイナミックに展開している図書館員です。IBDPの図書館員は通常，学校の管理職，同僚の教科教員，そして特にIBのDPコーディネーターをはじめとするさまざまなグループや個人と協力して，プログラムに貢献しています。学校図書館員は，国際バカロレア（IB）の哲学や遠大な理念に寄与することができるのです。国際志向，学習者像（生涯学習），学問的誠実性，言語とマルチリテラシーの重要性，探究，教え方・学び方へのアプローチ方法（ATLスキル）といったものは，特に図書館員の専門性を発揮できるものです。プログラムにおいては，教科コース間の連携を促すことや，コア要素である知の理論（TOK），CAS，および課題論文（EE）などに図書館員ならではの貢献ができます。このプロセスを通して，図書館員が念頭に置くべきは，個々の生徒の学習を支援し向上させるという最優先の目標です。それは困難なものではありません。この本に書かれた実践的な手順と戦略が参考になるはずです。

　この本の前半部分を構成する私の研究「学校図書館がIBDPに与える影響」は日本のインターナショナルスクールを対象に行われたので，この本が日本語に翻訳されるのはまさにふさわしく嬉しいことです。本書は，加筆を行いIBDPプログラムやカリキュラムを支援する図書館員の実務に役立つことをめざしました。この本にある戦略は現在でも有効ですが，日本の今日のニーズに合わせた解説や訳注がつけられていることも嬉しく思います。

　日本で働いていた8年間，私は学校図書館をはじめとする日本の図書館について学び，幸運にも数多くの図書館員に出会いました。その後，私は会議の場や，私が働いていた他の国の学校への来客でもたくさんの日本の図書館員たちに会いました。ですから，私は日本の学校図書館員がどれほど仕事熱心な方々であるかを知っています。

　IB公式文書の *Ideal Libraries*（『理想の図書館』）の開発に携わった経験から，学校図書館のモデルは1つではなく，「IB校の図書館員」になる方法も多様であることを知っています。確かに言えることは，学校図書館員としてIBDPでの学習を効果的に支える学校図書館をつくることには無限の可能性があるということです。

　国際バカロレアプログラムが日本国内で発展していることを知り悦びに堪えません。また私は，日本の学校図書館員の教育的側面に関心があります。ですから，国際バカロレア・ディプロマプログラムにおける学校図書館の役割について述べたこの本が日本で出版されることを嬉しく思います。翻訳出版にあたり，日本の状況に関する補足情報や最新情報を追加するというすばらしい仕事をしてくださったすべての関係者の皆さんに謝意を表しま

す。この本が成功し，学校図書館と図書館員がIBDPの生徒の学習を支える仲介者として貢献できるようになることを願っています。

アンソニー・ティルク Ph.D

　国際バカロレア（IB）は，国際的に実施されている初等中等教育カリキュラムとそれに基づく大学入学資格である。どの国で教育課程を終えても他の国の大学に入学できるように，国際的高大接続のための共通カリキュラムを規定し，それを元にした国際バカロレア試験を実施している。日本でも文部科学省が大臣官房の国際教育課に国際バカロレア担当を置いて積極的に推進しようとしている。2021年3月時点で国内のIBプログラム認定校数は167校であり，うち学校教育法第1条に規定されている学校（一条校）は51校であるが，同省は200校への設置を目標にしていると言われる。

　これが注目されるのは，単に国際教育を推進し，国際社会で活躍できる日本人を育成するというところにあるだけではない。2020年代に実施される学習指導要領は「主体的・対話的で深い学び」を実現することを目標に掲げていて，かつて系統学習と経験学習のせめぎ合いと言われていた教育課程は，21世紀も20年代になると学習者が自ら知を構築する構成主義に舵を切りつつある。そして，国際バカロレアは教育課程にいち早く探究学習（inquiry-based learning）を取り入れているから，その導入は日本の学校にとって探究学習のための手本となり，今後の学校教育の在り方に多くの示唆を与えることが予想される。

　カリキュラムのなかで「知の理論（TOK）」「課題論文（EE）」のような探究学習を中心とするものはもとより，各教科においても探究学習は必ず実施される。そのため，国際バカロレアでは学校図書館の設置が必須で，学習者が自ら学習を進める際の学習資源を提供するセンターとして位置づけられている。学校図書館の担当者は，教員と連携しながら，教員とは異なった立場から学習者の探究を支援していくことになる。

　本書の著者アンソニー・ティルク氏は，横浜インターナショナルスクールの図書館で働いていた経験もあるアジア通の学校図書館員であり，と同時に，国際バカロレアにおける学校図書館について世界で最もアクティブなプロモーターの1人として活躍している人物である。本書は，彼が各国での国際バカロレアの学校図書館に勤務した経験と綿密なインタビュー調査によって執筆された博士論文をベースに，国際バカロレアと学校図書館の関係を総合的に考察した著作である。

　IBDPの学習は，学習資源を提供する専門の図書館／員（library/ian：これはティルク氏の表現）が備わっていないと成立しないというのが彼の考えである。しかしながら後半の章には，学校図書館が静かな勉強の場として位置づけられているとか，教員が自分の経験からしか学校図書館の利用の仕方を理解していない，教育学と学校図書館研究が没交渉であるといった，苛立ちともとれる指摘もある。それは，新しいカリキュラムを実践しようとしている学校現場において，学校運営者，教員，生徒を相手に仕事をする学校図書館員

としての著者のクリアな現状認識であることを示している。

　著者は本書執筆後，学校図書館と国際バカロレアをつなぐ役割を買って出て，学校図書館員やIB教育の国際的な会合や研修の場で積極的な活動や発言を行うようになった。その甲斐もあって，2010年代半ば以降に国際バカロレアの公式文書に学校図書館員のことが登場してくるようになっている。本書は，学校図書館が学校のなかで教育課程を支援するという考え方が必ずしも学校内で共有されていないことを前提として，ケーススタディをもとに実践の方法を提示したものであり，学校図書館が探究学習のための重要な場として位置づけられるためのヒントに満ちている。

　本書は，すでに確立した実践のノウハウを記述したものではなく，研究と実践を組み合わせて新しい課題に取り組んだチャレンジングな試みである。日本においても国際バカロレア関係者や学校図書館関係者はもちろんのこと，教育課程や教育方法，学校マネジメントの担当者，実務家，研究者にとってもきわめて重要な情報を提供してくれるはずだ。日本の読者にとって理解しにくい概念や原著出版後の状況については訳者による注をつけ，巻末に解説を入れている。ぜひ，実務あるいは研究の参考にしていただきたい。

根本　彰

目　次

　原書「付録 7：IB 用語集」のリストに，訳者が日本の読者のためにいくつかの語句と若干の解説を付け加えた。あくまで本書を読むうえでのヘルプリストとしての用語集である。IB の科目内容が 6 年ごとに更新されることからもうかがえるように，使われる用語や規則も変化する。

ab initio［アブイニシオ（ラテン語で「最初から」の意）］　IBDP 科目マトリックスのグループ 2。初学者コース。

academic honesty［学問的誠実性］　IBDP に関する重要な文書の 1 つ。

AoK［知識の領域］　Areas of Knowledge の略。コア科目 TOK（知の理論）における知の区分で，自然科学，ヒューマンサイエンス，芸術，歴史，数学，倫理，宗教的知識の体系，土着の知識の体系の 8 つがある。

A1［言語 A1］　IBDP 科目マトリックスのグループ 1。中級コース。

authorization［認定プロセス］　IB プログラムを提供するために学校が行うプロセス。

candidate［IBDP 生］　IBDP に在籍している生徒。フルディプロマをまだ取っていないという意味で candidate（候補生）。

Cardiff［カーディフ］　IB カリキュラム・評価センターの所在地。

CAS［キャス］　Creativity, Action, Service の略。DP の 3 つのコアの 1 つ。原書発刊当時は，Community Action Service［コミュニティー，アクション，およびサービス］の略語として使われている。2021 年現在は，Creativity Action Service［創造性・活動・奉仕］の略語として「CAS」が使われる。

Certificate［認定証］　IB 認定証（IB Certificate）は，特定の科目の要件を満たし，最終試験を受験した生徒にのみ与えられる。認定証の場合，生徒はディプロマの全要件を満たしていない（つまり，TOK，エッセイ，CAS を受けていない）。

concurrency of learning［学びの並行性］　生徒が必要な科目，同時に学ぶバランスのとれた年間カリキュラムに取り組む原則をさす。これを実現するために，教員との協働や教員間での協働，ティームティーチングでの指導などが必然的に起こる。

continuum［一貫教育］　5〜18 歳までの生徒を対象とした 3 つの IB プログラムを通じた教育の連続性をさす。IB 哲学の重要な側面。

continuum school［一貫教育校］　3 つの IB プログラムを提供している学校。

coordinator［コーディネーター］　IB は，各学校が提供するそれぞれの IB プログラムを調整する担当教員の任命を必須としている。

core［コア科目］　CAS，EE，TOK で構成される。IBDP 生は全員，IBDP を取得するためにはこれら 3 つのコアの要件を満たす必要がある。

DP［ディプロマプログラム］　Diploma Program の略。ディプロマとは一般的に修了証のことをさすが，IB の文脈で DP といえば IBDP と同義で使われていることが多い。

experimental sciences［実験科学］　IBDP 科目マトリックスのグループ 4。

EE［課題論文］　Extended essay の略。DP の必修コアの 1 つ。

45　ディプロマの最高得点。

Examiner［試験官］　学外で評価される成果物の採点やモデレーション（学内の教員が採点したものに対する評価の適正化）などを行う者をさす。

HL［上位レベル（選択科目）］　Higher level の略。SL よりも HL の科目のほうが授業時間数が多い。

IB(O)［国際バカロレア（機構）］　International Baccalaureate (Organization) の略。

IBA［IB 南北アメリカ］　International Baccalaureate Americas の略。IB の地域区分の 1 つ。

IBAP［国際バカロレアアジア太平洋地域］　International Baccalaureate Asia Pacific の略。IB の地域区分の 1 つ。

IBAPLIS［国際バカロレアアジア太平洋図書館情報スペシャリスト（グループ）］　International Baccalaureate Asia Pacific Library and Information Specialists の略。

IBCA［国際バカロレア・カリキュラムと評価センター］ International Baccalaureate Curriculum & Assessment Center of the IB の略。

IBDP［国際バカロレア・ディプロマプログラム］ International Baccalaureate Diploma Programme の略。

IBEAM［IB ヨーロッパ，アフリカおよび中東］ International Baccalaureate Europe, Africa, and the Middle East の略。IB のリージョンの 1 つ。

IBVC［国際バカロレア・バーチャル・コミュニティー］ International Baccalaureate Virtual Community の略。

IB World［IB ワールド］ IB の機関誌。

individuals & societies［個人と社会］ IBDP 科目マトリックスのグループ 3。

internal assessment［内部評価，IA］ 科目選択のために必要なコースワーク。

ITGS［グローバル社会におけるインフォメーション・テクノロジー］ Information technology in a global society の略。IBDP 科目マトリックスグループ 3 の選択科目。

JRIE［国際教育研究誌］ *Journal of Research in International Education* の略。IB から強い支持を得ている学術雑誌。

knower(s)［知る人］ TOK の中心となるキーワード。

language B［言語 A1］ IBDP 科目マトリックスのグループ 2。上級コース。

Librarian［図書館員］ 基本的に学校図書館員のことをさし，他の館種の図書館員が出てくる文脈では，「学校図書館員」としている。

Library［図書館］ 基本的に学校図書館のことをさし，他の館種の図書館が出てくる文脈では，「学校図書館」としている。

LP［学習者像，ラーナープロファイル］ Learner Profile の略。

MYP［中等教育プログラム］ Middle Years Programme の略。

OCC［オンラインカリキュラムセンター］ Online Curriculum Center の略。

programme standards (IB Programme Standards and Practices)［プログラム基準（正式名称：IB プログラムの基準と実践要綱）］ 学校は，IB プログラムを提供するために，これを満たすか，それに向けて努力する必要がある。

PYP［初等教育プログラム］ Primary Years Programme の略。

school librarian［学校図書館員］

school library［学校図書館］

school librarianship［スクールライブラリアンシップ］

SL［標準レベル（選択科目）］ Standard level の略。

subject matrix［科目マトリックス）］ 必修の 6 科目で構成される。

supervisor［スーパーバイザー］ 各生徒は EE のためにスーパーバイザーが必要である。

TCK［サードカルチャーキッズ］ Third-culture kids の略。特に IB 用語ではないが，IB 生が TCK である場合もある。

Textbook［教科書］ 本書の中で出てくる教科書の言葉は，出版社が独自で出版しているテキストブックや教員が作成したものをさす。IB が指定する特定の教科書は存在しない。

3 ディプロマのコア要件に与えられるポイント。

TOK［知の理論］ Theory of Knowledge の略。批判的に思考して，知るプロセスを探究する授業で，DP の必修コア科目の 1 つ。

24 生徒がディプロマを修了するために必要な最低点。

Vade Mecum［手引書］ IBDP の以前の規則マニュアルの呼称。この呼称はもう使用されていない。

regulation manual［規則マニュアル］ IB では使われなくなった用語。

viva［面接］ EE のプロセスの最後に生徒がスーパーバイザーと行うことができる。

WoK［知る方法］ Way(s) of Knowing の略。TOK で使われる用語。

workshops［ワークショップ］ IBDP に関わる教員および図書館員の必須条件の 1 つ。

world literature［世界文学］ A1（IBDP 科目マトリックスのグループ 1）コースの重要な側面。

world school［ワールドスクール］ IB プログラムを提供することを認められた学校。IB 認定校のことをさす。

第 1 章

はじめに

　2006 年 *TIME* 誌において，クラウディア・ワリスとソニア・ステップトーは 21 世紀の新しい働き方のために生徒が学び身につけるべき素養について提言している。それは例えば，創造的に考える，既存の分野を超えて考える，人と関わり協力するスキルを用いる，「学識ある」という言葉の定義をアップデートする，状況に見合った行動をする，情報について批判的に考えるなどである。そして 2 人は，生徒がこうした重要な資質とスキルを身につけるための優れたカリキュラムとして国際バカロレア・ディプロマプログラム（IBDP）を挙げている。IBDP のカリキュラムは，探究と自己発見に基づき，幅広い科目群からランダムに科目を選ぶことが可能で，幅広く深い学びを涵養する。また，学校において学び合う者たちのコミュニティーを形成する生徒，教員，管理職，そしてもちろん図書館員には，その能力が試され努力が報われる経験をもたらす。

　国際バカロレア（IB）は，3 つのカリキュラムを提供する組織として，世界中の教育関係者や学校の運営者の間で，その存在感を高めている。実際，アメリカに留まらず，インドや中国など世界的に影響力のある国でも導入が進んでいる。IBDP は，1970 年代に最初にインターナショナルスクールで導入された。こうして外交官，ビジネスマン，軍人，非政府組織（NGO）の職員，その他海外在住の駐在員の子どもが，母国や他国の大学に進学するために必要なカリキュラムを経験できるようになった。現在，IBDP は世界中に広がり，インターナショナルスクールのみならず，私立またはインデペンデント・スクールのような学校はもちろん，公立（公費運営の）学校でも提供されている。2010 年現在，IB のウェブサイトには以下の記述がある。

> 　IB Americas（米州 IB の地域区分では IBA として知られる）には，31 の国と中央，北アメリカ，南アメリカの IB ワールドスクールが含まれる。米州にある IB ワールドスクールは，公立学校，私立学校，マグネットスクール，チャータースクール，インターナショナルスクール，教区学校，世俗学校に置かれ，都市部，郊外，農村部の多種多様な生徒が通う。南北アメリカだけで，30 のコミュニティーにおいて 1,123（校）のディプロマプログラムが提供されている（International Baccalaureate Organization [IBO], 2010a）。
> 　世界的にみると，IBDP を提供する学校は約 2,200 校である。IBDP に関していえば，米州地区が最も多くヨーロッパ，アフリカ，中東，アジア太平洋地域がそれに続く（IBO, 2010a）。

　ある高校では IB に対する IBDP の申請時に，学校の教職員の中に「教員に適切な教育経験があり，学校図書館が IBDP の学術的要求を満たしていたから通った」と指摘する人もいたが，その学校図書館が満たした学術的要求が実際にどのようなものであったかは明

らかにされていない（Andain, Rutherford, & Allen, 2006, p.62）。IBDP の公式文書には，学校図書館の役割についての言及が乏しい。そのため図書館関係者からは，「プログラムをどのようにサポートすればよいか」「IBDP における学校図書館員の役割，学校図書館の役割は何か」といった質問がよく出される。これを受けて本書では，DP 校の学校図書館が，コミュニティー・生徒・教員に与える影響について説明する。また，学校図書館員が IB-DP を支える際のプログラム開発に役立つ理論的・実践的な戦略を提供する。これから IBDP に着手する人，特に IBDP を初めて経験する，初心者の学校図書館員へ向けての情報を提供する。経験豊富な学校図書館員には，調査での気づきやよい事例の報告など十分な詳細情報（あらゆるメーリングリストで，方向性・サポート・アイディアを求める声が定期的に発信されているので，これに応えられるようなもの）も必要である。本書は，関心をもった図書館員以外の人，例えば管理職などにも読んでもらえるようにした。IBDP における学校図書館の役割を理解し，明確にし，支えるうえで，彼らの役割は，ある意味では図書館員の役割よりもはるかに重要だからである。

　1995 年にジュネーブで開かれた IB 校の校長向けの講演で，ある図書館員が，IBDP を「単なる知識の蓄積ではなく，学びへの研究的アプローチ」と形容し，「生徒が大学に行くと……複雑な図書館を目の当たりにして……困難に直面します。大学入学準備には，自信をもった図書館利用者になるための準備が含まれるべきです」と説明した（Clark, 1995, p.43）。そのため，リサーチと探究は，IBDP で成果を上げるために不可欠なものだと考えられている。つい最近の 2005 年時点でも，専門の執筆者や自助グループ，地域的なサポートグループ，公式・非公式のメーリングリストやオンライングループは存在していたが，図書館および図書館員と IBDP を関連づけるものはほとんど発表されていない。にもかかわらず，IBDP 候補校の学校図書館員が，効果的な図書館の IBDP 支援には何が必要か，どのようにして情報を得られるのかについて回答を求めているのをたびたび目にするのである。

　というわけで，本書では IBDP に関する学術的知識，実践的戦略，洞察をまとめて述べることにした。その背景には，次に示すような著者の経験がある。

1．IBDP を提供するインターナショナルスクール 4 校での 10 年以上の経験

2．IB アジア太平洋地域の IB の図書館についてのワークショップリーダー，および国際バカロレアアジア太平洋図書館情報専門家（IBAPLIS）グループの議長としての経験

3．インターナショナルスクールにおける学校図書館の IBDP への影響に関する，博士課程でのオーストラリアのチャールズスタート大学との共同研究

4．IBDP の知の理論（TOK）教員としての 6 年の経験，および TOK エッセイの IB 採点官を兼任

5．フルタイムの学校および若者向けの図書館のアドバイザーとして，ロンドンにてイギリス図書館協会（訳注：当時の名称，現在では図書館情報専門家協会（CILIP）と呼ば

れる）と，政府が国の教育制度にバカロレアモデルの採用を検討した際，図書館の役
割を推進するための仕事に携わった経験

　図書館員のIBコミュニティーは，（世界中に散らばっているために）わかりにくくバラバ
ラなものに見えるかもしれないが，本来実践的なものであり，非常に参考になる協力的な
ものである。多くの場合，オンラインで，あるいは図書館員のためのIB研修イベントを
通じて，優れた実践や新しいアイディアが種々の図書館員に共有されていることを認識す
ることも重要である。本書には，さまざまな実践者の効果的な実践が反映されている。
　この章では，IBDPに関するさまざまな広範にわたる問題に加えて，スクールライブラ
リアンシップ（school librarianship）に関する基本的な考え方，概念，疑問点を扱う。これ
を，ある程度の共通理解が得られるように，順を追って紹介する。
　学校図書館とは何か　　この問いは，自明すぎて問う必要もないように思われる。しか
し，学校のコミュニティーメンバーに学校図書館の目的を尋ねると，見解はまちまちでと
きには相反する場合もあるはずだ。学校図書館が利用されたり／されなかったりするのは
なぜなのか，どこの学校図書館にも起こり得るこの問題の根本原因は見解が定まっていな
い点にある可能性がある。いずれにせよ，図書館情報学の学校図書館部門では，学校図書
館を定義する必要性を表明する立場をとる。オーストラリアでは，学校図書館とは，空間，
設備（特にICT）に加え，サービスや図書館プログラムを促進する職員を含むものである
（Australian School Library Association & Australian Library and Information Association, 2001）。
英国におけるCILIPのガイドラインは，学校図書館は「主な目的として…学びの空間」
を提供することを推進している（Barrett & Douglas, 2004, p.24）。これらの定義は，米国学
校図書館員協会（AASL）の文書と異なっているだろうか。図書館情報学コミュニティー
は誰に対して定義を提供しているのだろうか。定義は広く伝えられ合意を得ているのだろ
うか。
　学校図書館員とは何か　　学校図書館員の役割を定義しようとすると，学校にいる図書
館員の様相は国によって，場合によっては国内でも異なり，ともすれば問題を混乱させが
ちである。学校図書館の文献においてさえ，用語は多岐にわたり定まっていない。学校図
書館で働く人をさす用語は，人々が学校図書館員をどのように認識するかに影響するはず
なので，どの用語を使うかは重要である。用語，教育，および経験のすべての側面におい
て，世界中のすべてのケースに適用できるような学校図書館員の「最良の」タイプは，研
究で明らかにされていないことを示唆する研究が複数みられる（Turner, 2007）。ただ，本
書では，明解で包括的であることから，図書館員（librarian）という用語を使用する。
　バカロレアとは何か　　バカロレア型の教育は，高等教育前の生徒に知識と教育へのホ
リスティックなアプローチを提供する。いくつかのモデルがあるが，最もよく知られてい
るのはIBDPであろう（Phillips & Pound, 2003）。IBDPが最もよく知られる理由の1つは，

1つの地域に限定されず世界中で提供されているためだと考えられる。

学校図書館が IBDP および関係者（生徒，保護者，教員，管理職，IB 自体）に与える影響とは何か　この問いは，筆者が行った研究の中心にあり，本書でも議論される。しかしこの問いをより一般的化した，教育の変化，人生を豊かにするスキル，生徒の有意義な知識の習得を促進する学校図書館部門についての専門的研究や二次資料は十分にあると思われるかもしれない。しかし，より一般的な教育研究や専門的な文献が IBDP の文脈において，どれだけ正確に反映されているのかという問いこそが興味深いのである。IB の学校図書館とそのカリキュラム自体があまりにも特異なため，既存の図書館情報学の研究をこのような環境に適用することは難しい可能性がある一方で，さらなる相乗効果が期待できるかもしれないのである。この問いも本書で扱う。

インパクトスタディとエビデンスに基づく研究はどの程度役に立つか　学校図書館に関する研究を重視する人は，政策立案者や学校管理者に対して根拠を欠いたアドボカシー活動（おそらくガイドラインや推奨される役割声明を含む）をするよりも，インパクトスタディ（訳注：データに基づき影響の因果関係を明らかにする研究）やエビデンスに基づいた研究や実践を使うほうがよいと主張している（Todd, 2006）。ただし，初期の特に 1995 年以前の研究は，図書館の観点からインプットの評価軸が有効かどうかの検証することを目的とするもので，終始図書館の観点から行われていた。実際，図書館が社会やコミュニティーにとってよいという信念に基づくパラダイムを前提とする研究が複数みられた（Streatfield & Markless, 1994）。学校図書館のインパクトスタディに関して筆者が検討したところ，量的および質的研究の傾向は，地理的に分かれる傾向があった。量的研究は北米で，質的研究は主にイギリスとオーストラリアで行われていた。当初，インパクトスタディはアドボカシーのために使われた。エビデンスに基づく実践（EBP）は，十分な情報に基づく実践あるいはそれによって改善された実践をさすが，この2つは，より複合的になってきている。より大規模な研究は，一般的にアメリカで実施されていることが多く，テストの得点に影響する要因を探るものである。そうした研究では，高校生のテストの結果に対する社会経済的要因による影響が最大で 50％ にのぼる可能性があるにもかかわらず，学校図書館の影響要因が約 8％ あったとする結果を強調していた。このような研究は，影響因子間の因果関係を政策立案者に向けて示すために行われてきた。小規模な研究は，通常は質的なものであり，学校図書館の影響をテストの得点に関連づけるのではなく，読み書き能力，読書，自信などの学習の幅広い側面との関係をみる傾向があった（例えば Williams & Wavell, 2001, 2002）。ただし，オハイオ州で行われた大規模な研究（Todd & Kuhlthau, 2005a, b）は，量的および質的に幅広い年齢層の生徒に対して学校図書館がどのように支援しているかを明らかにした。

学校図書館を調査するのに質的な方法はどの程度有用か　質的方法は，量的方法よりも優れているのか，それとも単に異なるだけなのか。量的研究と質的研究を同等に扱うこ

とが妥当かについては意見が分かれる。これは，学問上の政治的理由が関係している場合もある。しかしながら，質的方法は，特定の状況における見解，感情，価値観の細かな表現を効果的に明らかにすることが可能だと一般的に考えられている。本書の焦点となる調査では，図書館の役割について，IBDPの生徒，教員，管理職，および学校図書館員などの関係者がどのように考えているかを調査するため，質的方法を選択した。また，特に研究で用いた手法はグラウンデッド・セオリーである。グラウンデッド・セオリーとは，研究プロセスの最初に仮説を立てるのではなく，研究の過程で得られたデータおよびそのデータに基づいて立てた仮説と研究者の経験に基づく理論のことである（Bartlett, Burton, & Peim, 2001, p.46）。文化人類学で使われてきた手法であり，特定のグループの人々の行動，思考，見解の詳細な説明に有効である。本研究を含むこのような研究では，適切で有効性の高い方法として，広範な観察とインタビュー（逐語録の詳細な分析を含む）を行うことで，特定の状況の豊富なナラティブ（訳注：できごとや体験の自伝的な語り）を得られる（Chrmaz, 2006）。したがって，本書では具体的な生徒，教員，管理職の価値観，感情，見解に触れることができる。研究対象が違えば，そこで得られた見解と結果は異なる可能性があるため，方法論としてのグラウンデッド・セオリーは一般化できるわけではない。研究結果をどのように適用するかについては読者に委ねられ，読者自身の状況との類似性やその他の点について考察することが大切である。もっとも，グラウンデッド・セオリー以外のどんな研究方法を選んでも，このようなプロセスは必要となるだろう（興味深いことに，グラウンデッド・セオリーは，図書館情報学で質的研究においてますます頻繁に使用されている。本書で引用した北米のIBDPの研究の一部でも使われている）。

　学校図書館に関する研究，特に上級学年の生徒と学校図書館に関する研究は英語圏のみならず多くの国で行われているが，IBDPの学校図書館に特化した研究はない。本書では，国を問わず関連性のある有効な研究を特定し，必要に応じて参照し，IBDPへの有効性を示す。IBDPが国際的なカリキュラムであることを踏まえると，種々の国の文献を引用することが適切である。IBDPに関する複数の研究は，それぞれ本文中で数回引用されている。読者の便のために，これらの調査と簡単な概要を付録4に載せた。

　国際主義はどの程度重視されるのか　カリキュラムのタイトルに含まれる国際主義（internationalism）は非常に重要な概念を表す言葉であるが，好ましい用語は国際的な視点（international mindness）である。図書館員がIBDPに関してよく発する（抱くべき）問いの1つは，「学校図書館が確実に国際的な視野をもつためにはどうすればよいか」である。ただし，国際主義にはさまざまな定義があり，用語が曖昧になりうる（Cambridge & Thompson, 2004）。とはいえ，国際主義は，世界の多くの国に存在するインターナショナルスクールや国際的な教育カリキュラムの例であるIBDPとも関係がある。ただし，国際的な視野はインターナショナルスクールに限定されず，あらゆる学校の状況に適用できる。したがって国際主義は重要な考え方であり，第2章で詳しく説明する。

IBDP における探究はどの程度広がりがあるのか　　カリキュラムのスタンスとして，探究はすべての IB プログラムに浸透している。しかし，教科のシラバスに規定された内容によって，さらに重要なのは，教科の教員が好む学びや指導の方法や，各学校でのコア要件がどのように機能するかなどによって，IBDP における探究が異なって見えうることだ。これらは IBDP において探究がどのように捉えられているか，また，図書館や図書館員がどのように位置づけられているかによって変わってくる。図書館員が精通している探究またはリサーチのモデルは有効である可能性が高いが，「1 つのモデルがすべてに当てはまるわけではない」ことは忘れてはならない。したがって，これらのモデルを提唱することが，すべての主題領域で有効なわけではないものの，概念，理解，本質的な問い，探究についての教育的な記事を書くライターが，IB の世界で注目される場合もある。注目を集めた例の筆頭は「デザインによる理解（Understanding by Design）」という概念を提唱した Wiggins & McTighe（2005, 2007）である。

IBDP 図書館の方向性をテクノロジーによってどの程度推進すべきか　　これは，推進すべきではない。当然のことながら，適切で有用なテクノロジーは自然と使用される。情報専門家として，IB の図書館員は情報，確認された知識，アイディアをどのような形式やメディアでも入手できる方法を常に探している。同様に，IB 自体も，プログラムの推進のためにテクノロジーを活用できる方法を模索している。いずれにしても，IB プログラムは世界中で使用されており，特定のレベルの ICT およびその成果物を要求することは不可能である。なぜなら，世界のある地域で利用可能である技術が，必ずしも別の地域で使用可能とは限らないためである。より現実的には，世界の多くの地域に，テクノロジーが豊富な学校図書館がある一方で，どの国であっても，必ずしも全部がそうであるとは限らない。テクノロジーの使用については必要に応じて本書のさまざまなところで触れるが，カリキュラムと IB スクールコミュニティーのニーズに重点を置くことにする。

専門用語と略語　　教育界と図書館界には，略語や専門用語が溢れているが，それらはその分野でのパラダイムに固有のものである可能性がある。図書館情報学の世界における例として，**情報リテラシー**が例に挙げられる。これは，図書館員にとっては十分に一般的な用語だが，教科教員間ではそうではないのだ。教育界と図書館界の 2 つの世界を融合した図書には，特定の用語や略語が豊富に含まれているが，それが決して一般的に理解されているとは限らない。IBDP に関連する頭字語も多く，読者の便を考え，本書付録 7 に IB 用語の用語集を付けた（訳注：日本語版では第 1 章の前に掲載した）。より包括的な用語集は，IB のウェブサイトに掲載されている。このページの URL は，もちろん変更される可能性があるためここには記載しない。それよりも重要なのは，学校図書館員が IB の公開ウェブサイトや，教育者のための組織が維持する OCC（Online Curriculum Center；オンラインカリキュラムセンター）と呼ばれるものに精通していることで，これが非常によい戦略なのである。

ここで，IB の略語について確認しておく。2007 年，国際バカロレア機構（IBO）は，ブランドをより単純化し，登録名である国際バカロレア（International Baccalaureate；IB）とシンプルに呼ぶことにした。ただし，ウェブサイトは www.ibo.org のままである。多くのライターや実践者が常に IB と呼んできたが，それは IB 組織そのものをさすことも，あるいは最初のカリキュラム，つまり IBDP を意味していることもある。DP プログラムは 20 年以上（PYP と MYP プログラムが加わる前から）存在していたため，単に IB とも呼ばれる傾向があり，これらの用語は同義語とみなされてきた。そして，「プログラム」のスペルは *program* と *programme* のどちらだろうか。IB は後者のスペルを使用することに決め，公式名称や IB 文書のタイトルの引用の際に（英語表記の場合は）programme を使う。

　本書はどのように構成されているか　　IBDP の概要および基本的な情報と議論は最初のほうの章で紹介している。特に情報と戦略を分けていないが，各章の終わりには，図書館員への実践的な戦略をまとめている。章が進むにつれて，本書が依拠した研究で使われた協力者の語りを多く紹介する。そこに研究の学術的調査や知見についての考察を加えている。

📖🔍　図書館員のための実践的戦略

- 図書館員は，www.ibo.org からアクセス可能な IB の公開ウェブサイトと OCC に精通する必要がある（OCC にアクセスするには，パスワードとコードが必要であるが，学校の IBDP コーディネーターが入手できるはずである）。
- 情報専門家として，IB のウェブサイトの内容に精通する。それによって，特に IBDP の導入を検討している学校において，図書館員が，IBDP に関するさまざまな情報を求める同僚教員に情報共有したり助言したりできるようになる。
- 学校全体が学校図書館の役割を明確に理解できるようにする。このためには，書面によるポリシーステートメント（政策声明書）の再検討（作成）が必要かもしれない。
- 学校図書館に関するインパクトスタディとエビデンスに基づく研究を集める。研究目的と研究対象に着目することが重要である。国際主義の定義を考え，学校図書館に関連づける。
- 学校図書館員の間で使われる用語，略語について考える。その語句を学校の中で使うのか，使うとすれば学校のコミュニティーのメンバーは理解可能か。

第 2 章

国際バカロレア・ディプロマプログラム（IBDP）と IB

　1970 年スタートの IBDP は，世界中のインターナショナルスクールで始まった（訳注：正確には 1968 年にジュネーブで IBO が設置され，同年 IBDP がスタートして，第 1 期生が入学し，1970 年に最初の修了生が出ている）。元々は国外に移住した子どもたちへのニーズと強い要望の声を受けて設計されたものである。IBO（国際バカロレア機構）が IBDP を管理開発している。およそ 1990 年代半ば以降，初等プログラム（PYP）と中等プログラム（MYP）の 2 つのカリキュラムが誕生し，IBDP とともに一貫した K-12 国際教育を提供してきた。ただし，IBDP は PYP や MYP とは異なる。MYP と PYP はどちらもカリキュラムの骨組みであり，学校は独自のコンテンツを開発できる一方，IBDP には世界中の高等教育システムへの入学要件である規定に準拠したコンテンツと評価法が含まれている。IBDP についての資料としてときに参照される基本ガイドは，「ディプロマプログラム：実践の基礎」と呼ばれる。2002 年に発行されたが，最新版は IB ウェブサイトから入手することができる。IBDP の背景となる有益な情報も掲載されている（IB 一貫教育に関する資料も IB ウェブサイトから利用できる）。

　学校は，IB プログラムを 1～3 つまで採用できる（訳注：PYP・MYP・DP の 3 つから採用できる）。生徒が 16 歳になるまでは別の（国や州などの）カリキュラムを用意し，その後，他のコース（AP（訳注：アドバンスト・プレイスメント。カレッジボードによって運営されるアメリカとカナダで提供されるプログラムで IBDP と高校生を対象とした教育プログラム）など）の中のオプションとして IBDP を提供する学校や，IBDP 候補生の典型的な年齢である 16～18 歳の生徒のためのメインまたは単独のカリキュラムとして IBDP を提供する学校も珍しくない（IB 文書では生徒は IBDP 生と呼ばれる）。とはいえ，一貫した国際教育を実施することは，IB 哲学に対しても，また IB 哲学においても非常に重要であり，3 つのプログラムを提供する学校は，コンティニュアムスクール（一貫教育校）と呼ばれる。学習者像，学問的誠実性，国際主義のような IB の主要概念に関する多くの文書は，1 つだけでなく IB プログラム 3 つのすべてに適用できる。したがって，学校が IBDP など 1 つのプログラムを提供している場合でも，IB の「大きなアイディア」の背後にある哲学を理解する必要がある。すなわち，プログラムを支える教育理論を理解するだけでなく，IBDP における Extended Essay（課題論文：以下 EE）のように，各プログラムは生徒によるプロジェクトで終わる「最終プロジェクト」につながるように設計されていることを理解する必要がある。

　全体的な概念として，IBDP は，科目群を通じた「学びの幅」と Theory of Knowledge

（知の理論：以下 TOK）を通じた「一貫性」を提供し「(EE を通じた) 作文，分析，リサーチスキルは，通常高校の生徒に求められるものをはるかに超えている」(Sjogren & Vermey, 1986, p.27)。確かに，IBDP のコア科目（TOK, EE, CAS）は IBDP の独特な側面とみなされ，他のバカロレアモデルと区別される。ほかにもモデルは複数あり，IBDP はその 1 つにすぎないが，おそらく最もよく知られる有名なモデルである（Hayden & Thompson, 1995）。ルムテイスは，イギリス国立教育研究財団（U.K. National Foundation for Educational Research）が出版した文書の中で，IBDP は，世界的なカリキュラムでかつ学校システムの世界的なモデルとしてより一層注目されていることに言及している（Le Metais, 2002）。IBDP は主に裕福な私立学校で提供されているという認識があるが，ケンブリッジとトンプソンによると，実際 IBDP が提供されている学校の半数は，実際は公立学校である（Cambridge & Thompson, 2004）。モデルがさまざまにあることが重要なのであり，さまざまな校種の学校がプログラムに参加している。そのため，各校のプログラムを支える学校図書館は，背景や規模，財務，人員の配置などにおいてさまざまな条件の下で運営されているのである。

　IBDP は才能のある生徒に適しているという見方（Buchanan, Douglas, Hachlaf, Varner, & Williams, 2005）があるが，能力にばらつきのある生徒群に提供される例もある（Rataj-Worsnop, 2003）。IBDP は純粋に才能ある生徒のために設定されているという見解は，IB 自体が共有している見解では必ずしもない。アメリカの 3 つの高校における研究で，カイバーグら（Kyburg, Hertberr Davis, & Callahan, 2007）は IBDP と AP のマイノリティの生徒の経験を調べた。その研究では，生徒がディプロマを取得するという強い信念をもつこと，また，そのような生徒を支える足場かけ（訳注：スキャフォールディング。大人が子どもの発達に合わせ，子どもが主体的に問題を解決できるように行う援助のこと）の 2 つが重要であることを示した。バリスらの研究（Burris, Welner, Wiley, & Murphy, 2007）によると，ニューヨークの学区内で，IBDP がどのように広まったかを調査した結果，特定の支援もまた，重要な要素であることがわかった（いずれもより幅広い対象への教育研究であるが，学校図書館員の役割については言及されていない。これらの研究が，生徒ための足場かけに焦点を当てていることを考えると，驚くべきことである）。ここで強調したいのは，IBDP が図書館に密接な関わりをもつことであり，図書館員は IBDP をサポートするための予算・専門的知識・時間を，他の競合しうるニーズやプログラムとバランスをとりつつ生み出す必要があることである。

　IBDP の生徒は選択した各科目の，研究課題と授業課題を完成させる。それらは関係する学校の教員と外部の試験官（常に他の IB 校の教員）が評価する。課題では，TOK エッセイや EE など，調査を伴う文章作成が求められる。

　IBDP の生徒が IBDP のコア科目を取らずに，IB の科目のみを履修し試験を受け，証明書を受ける選択肢も存在する。さらに最近では，既存のアカデミックな科目だけに固執す

るのではなく，より多くの職業につながる実践的な科目分野を創設しようとする動きも見られる。オンラインの選択肢も開発されており，IBDP 全体の概念の中にも多くの選択肢や変更が計画されている。

　IBDP を選択したことで，生徒は何を得たのだろうか。カナダのブリティッシュコロンビアにある 2 つの高校の IB 生に対する調査によって，以下のことがわかった。生徒は，IBDP は厳しい試練だったが，仲間，教員，家族のサポートが役に立ったと考えている。彼らはタイムマネジメント，整理整頓スキルを学び，職業倫理，コミュニケーション能力，批判的思考を発達させ，世界観を広げた（Buchanan et al., 2005）。才能ある女子生徒に関する別の研究（IB に関する規模の小さい研究ではあるが）では，教員のサポートと協調関係が不可欠であることがわかったものの，生徒が，内容を理解する必要性よりもむしろ，内容を暗記することに集中したことが明らかになった。また，生徒は他の生徒を信頼しており，ある生徒は「よく友だちグループと一緒に課題を行うために図書館に出かけたと，明確に述べた」（Vanderbrook, 2006, p.143）とある。これが，この研究における学校図書館への言及の主なものだった。

　学校図書館の IBDP への支援や関与に潜在的な可能性は大いにあるが，それは表出されにくい。しかし，生徒がどのように学ぶかは，その学校でプログラムがどのように展開され，どのように教員が教えるかに依拠している。学校は（通常）それぞれ異なるものである。図書館員は，IB から公式的に認可された独立したガイドラインもしくは学校図書館の役割に関する先進的な声明を探そうとするかもしれない。しかし「プログラム評価ガイド（Guide to Programme Evaluation and the Programme Standards and Practices）」と「プログラムの基準と実践要網（Programme Standards and Practices）」という 2 つの鍵となる IB の資料と，学内でその資料がどう扱われるか把握することのほうがより重要だ。認定までの学校資料の準備の過程とその結果に，図書館と図書館員の貢献が反映されているべきである。IB のウェブサイト上にある，IB スタッフのキーガンとジョーンズが作成したスライド資料「ディプロマプログラム評価（*Diploma Programme Evaluation*）」（Stephen Keegan & Stuart Jones, 2007）にも役立つ情報があるだろう。

　IBDP に関連した規定の書かれた文書は定期的に改定されるため，最新版を参照することが重要である。これらは IB のウェブサイト，公式サイトか OCC にある。学校の DP コーディネーターもまた，IBDP に関する文書やその参照場所についての知識をももち合わせ，最新版についても助言できるはずだ。

🔍 プログラム評価ガイド

　IB のプログラム提供の認定を受けるには，各学校が自己評価を完了する必要がある。自己評価には学校の理念・組織・カリキュラム・生徒についての考察が行われるとともに，重要な学校文書とポリシーをしっかりと参照する必要がある。図書館員がこのガイドを読

んで，どこに図書館が関わり，どの図書館文書やポリシーで必要とされているかなどに関して IBDP コーディネーターと話し合うことには価値がある。学校の自己評価は，IB 関連のリージョナルオフィス（地域支部）に提出される。事務所が委任した IB 認定のプロセスのトレーニングを受けた教員グループが，学校の申請を検討し対応する。

IBDP 校は 5 年ごとに再認定を受け，その都度自己評価のプロセスが課せられる。IB のリージョナルオフィスが自己評価の報告に対応する。報告の一部に，図書館員が記入すべき様式が含まれる場合があるが，以前は，各リージョナルオフィスがどこに関心を示すかによって異なっていた。強調しておきたいのは，学校の IBDP コーディネーターならその要件が何であるのかを知っているはずだということである。一例として，ある学校の IBDP 再認定の自己評価プロセスで要求されたリソース項目において，図書館に関する標準的な質問 2 つに対して学校図書館員が行った回答を例として挙げる。この質問は，IBDP の指導とディプロマの生徒の学習経験に直接関連して，この 5 年間に学校がどのような変化を示したのかを問う標準的なものである。フォームには，図書館，テクノロジーサポートとインフラ，学習教材などが列挙されている。

・2000 年に教室，実験室，IT センター，図書館を含む高校の本館が改装された。新たに，IT センターが拡張され，図書館は再編された（G11 と G12 の生徒がスタディーホールの時間に使う設備を含む）。レコーディングスタジオもつくられた（その他の情報が続く）。
・2003 年に，ノートパソコンが提供され校内のあらゆる場所にハブが戦略的に設置されたことにより，インターネットアクセスが改善された。

さらに，図書館利用に関する質問には，以下のようなものがある。

Q. 学校は（IB ディプロマに関して）学びとリサーチを支援するために，図書館やその他のリソースをどのように使っているか。
教科によって，図書館利用の程度にはばらつきがある。図書館が，学習スペースと参考資料，学習を支援する適切な雑誌を提供するところだと考える教員もいる。教科によっては，特定のリサーチを基盤とする課題（Research Based Learning）に図書館を利用する。さらには，図書館に資料を積極的に推薦する教員もいる。すべての生徒はスタディーホールという自習の時間があり，学校図書館員の監督のもと，図書館で学習することが奨励されている。図書館員を EE コーディネーターに任命することは，図書館の役割を発展させる戦略の 1 つである。

アメリカのある高校が 15 年前に IBDP を導入したときの話である。図書館コレクションと情報サービスの改善のため，図書館が備えるべき資料に対するニーズを特定し，3 年で合計 1 万 5,000 ドルにも上る図書館予算計画を策定した。しかしながら，この学校では，IBDP は他のコースに付随する選択肢の 1 つにすぎなかった。学校は，IBDP のニーズを支援するのに，IBDD 以外の校内の人間が広く利用可能なもの，特に定期購読データベースのような ICT 製品を図書館に導入しようとした。（Wi-Fi 以前の環境だが）インターネッ

ト環境も充実させた。このように，図書館施設全体に学校全体に奉仕するという理想が適用された。IB 生もそうでない生徒も同等に扱われた。しかし，「リサーチのレベルをコミュニティカレッジの基準にあげるために，多数の歴史書が加えられ，文学批評に関する資料が更新された。EE の 95％が歴史もしくは English A に関するテーマで書かれるため，定期的な追加が不可欠だった」と報告されている（Chris, 1999, p.34）。

ブリティッシュコロンビアの教員グループが，IBDP のリソースにはどのようなものがあるのかを把握するための調査プロジェクトを立ち上げた。調査の結果，IBDP において図書館が必要であること，そして IBDP で大きな役割を担っていることが示唆された。それ以上の詳細は示されていないが，研究の焦点はリソースの投入であり，ディプロマにリソースがどう影響するかについての文献が不足していることが述べられている。学校全体のリソース問題について調べるために，学校の関係者を対象に質問紙調査が行われた。2つの学校の保護者と教員を対象に，IBDP に必要なリソース（特に年鑑と図書）が図書館に揃っているかを尋ねた。教員は，ノートパソコンのアクセスは不十分だが，図書館の資料は十分だと考えていた。アンケートに答えた保護者の多くは，より多くの図書館資料が必要で，ある保護者ははっきりと図書館員の追加人員が必要だと言及した。だが，保護者全体のはっきりとした考えは得られなかった。IBDP に何が必要なのかが不明確だとわかったため，教員は，学校が IBDP の導入を進めるにあたっては，必要とするリソース，すなわち建物，スタッフ，資料などのリスト作成をすべきだと述べている（Buchanan et al., 2005）。

ある IBDP 実践者は，IBO 認定訪問チームが期待する理想の図書館について概説し，チームにとって図書館は「重視すべきもの」であると述べた。したがって，生徒が使いやすい適切な量と質のノンフィクション資料の充実をアピールすることが重要である。評価においては，図書館の環境も重要であり，「学習や研究に役立つ広々とした魅力的な空間」であることが求められる。適切なインターネットアクセスと同じく，図書館コレクションにはリサーチに使える図書に加えて，定期刊行物と「学校の生徒のさまざまな国籍に対応できるものであり，言語 A1 コースを特に支える」フィクションが含まれるべきだ。多くの学校は，認定前に財源確保が必要である可能性が高く，「認定のために US ドルで 1 万〜2 万ドル以上を図書館に費やす。ただし，コレクションが充実している図書館はその限りではない」(Jones, 2004a, p.41)。

カリキュラム組織としての IB は，紙媒体・電子媒体を問わず，コレクションを充実させることで他の言語文化と国際主義についてのリサーチと探究をする場として図書館が重要であるとしている。生徒は，常に収集更新される十分な蔵書が整った学校図書館を使う経験を通して刺激や活気を得られるだろう。そういった図書館は，図書館専用の継続的な予算措置がされるのだが，それには管理職を巻き込むことや管理職の支援が必要になる。

IBDP のために，特に「学校のための認定訪問ガイド（*School Guide to the Authorization visit*）」がある。最新版は 2006 年で，ぜひ IB のウェブサイトで最新版をチェックしてほしい（公開ページで閲覧可能である）。この資料は地域ごとに閲覧可能であり，正確な手順や詳細は地域によって異なる場合がある。この資料は，初めての認定訪問に何が必要か，認定訪問のチームが典型的に何をするのか，誰から話を聴くのかを詳しく説明し，明確に図書館員のことも述べている。実際，「図書館員，カウンセラー，教員以外の職員」という小さなセクションがあり，認定訪問チームは，通常，図書館員とその他のカテゴリーのスタッフがどのように関与し，的確な役割は何なのかをみるべきことが示されている。具体的には，学校に専門職としての図書館員がいるか，図書館員が IBDP の教員や生徒とどのように連携するかが問われる。これは，IB の考えに従うというよりも，学校自らこの点について考える必要があることを示す。

　学校が 1 つ以上の IB プログラムの認定を受けると，晴れて「IB ワールドスクール」になる。

プログラムの基準と実践

　IB の最新版は 2005 年の版が更新されて 2010 年 11 月に発行された。この最新版は 2011 年の初めから有効である。この文書は，学校が取り組むべき基準を示すものである。エディション間の変更点の 1 つは，2005 年版では，課題がプログラムごとに異なっているにもかかわらず基準が IB プログラムの 3 つすべてに共通して適用可能であり，基準の見出しが，哲学，学校組織，カリキュラム，生徒の 4 つに分かれていたが，最新版では哲学，組織，カリキュラムの 3 つとなったことである。これは，IB 文書が経年変化していく様子を示す例であり，図書館員は最新の文書を参照することが不可欠である。これらのプログラム特有の実践のねらいや目標に着目し，図書館が貢献できるところを特定することは図書館員にとって価値がある。

　新しい基準に関しては，最終章でさらに詳しく議論する。

IBDP における国際主義と言語

　この文書は IB の鍵となるもので，教育的アプローチと評価について解説しており，特に IBDP の概要を良好なレベルで把握できるようになっている。知っていると役立つ関連用語がいくつかあるのだが，その中で特に重要なのは，グローバリゼーションとサードカルチャーキッズ（TCK）である。TCK は，ある文化から別の文化に移動し，さらに第三の文化で教育を受ける生徒のことだ。この用語は，通常インターナショナルスクールの生徒に特有の事情を示すとみなされてきたが，そのような生徒だけに限った用語ではない（Pollock & Van Reken, 2009）。例えば，そのような生徒が第三の国の大学に進学する場合にも使われる（Pollock & Van Reken, 2010）。この側面は，IB プログラムの主な機能でもあるのだが，生徒が，家庭で話す言語ではなく第二もしくは第三言語で学ぶ可能性がある。

したがって，IB が執筆し出版した別の重要な文書は，「IB プログラムにおける母国語以外の言語の学習（*Learning in a Language Other Than Mother Tongue in IB Programmes*）」（2008）である。

　どのように IBDP に適した学校図書館のコレクションを充実させるかを考える際，国際主義もしくは国際的な視野について注意を向け，コレクションにこの概念を反映させることが重要である。認定訪問チームは，図書館のコレクションに国際的な視野が確実に考慮されていることを望む可能性がある。これは多様な文化を代表する著者，さまざまな文化，芸術，生活様式，経済，政治，暮らしなどについてのあらゆる国の出版物を含めることで実現できる。国際性を重視する際にフィクションとノンフィクション両方の分野が活用されるべきである。これには，異なる文化に入り，さまざまな方法で人々を助けた人たちの物語が含まれる可能性がある。国際的な視野を身につけさせる 1 つの方法は，他の図書館員に意見を求めることである。例えば，あるインターナショナルスクールのメーリングリストで，図書館員たちは，このトピックについてスレッドを立て，さまざまなタイトルのリストを作成した。現代の古典的な例は，アジアの国での教育の発展に関する有名な図書，グレッグ・モーテンソンほか著『スリー・カップス・オブ・ティー』（サンクチュアリパブリッシング，2010）である。他に推薦されたタイトルは次のとおりだった。リチャード・ニスベット著『木を見る西洋人 森を見る東洋人：思考の違いはいかにして生まれるか』（ダイヤモンド社，2004）；クロテール・ラパイユ（Clotaire Rapaille）著 *The Culture Code*（『カルチャー・コード』）；キショール・マブバニ著『「アジア半球」が世界を動かす』（日経 BP，2010），そしてピーター・メンツェルほか著『地球の食卓』（TOTO 出版，2006）。これらを含むタイトルは，シンガポールの IB 校，東南アジアユナイテッドワールドカレッジで働くアメリカ人図書館員による，高校生のための国際図書リストとして http://www.worldcat.org（Day，2010）のサイトに掲載されている。

　文化により深く入り込むには，さまざまな文化をどのように理解しているか調べることが役立つ場合がある。IB の文書には，文化における影響を簡単に確認するための「氷山モデル」が示されている。氷山モデルの比喩では，簡単に目にすることができる要素は氷山の水面より上にあり，目にできない曖昧な要素は氷山の水面下にある。そのように不明瞭な考えや概念を把握できるのか。可能な場合，これらの問題について図書館のコレクションで示すことができるだろうか。

　学校図書館での多言語対応を確認することも役に立つ。カリキュラム，コミュニティー，母語，もしくは第一言語のコレクションは図書館で管理されているか，それとも英語もしくは 1 つの言語で図書館のリソースが提供されているか。

　学校図書館がデューイ十進分類法を使用していれば，文学の分類を確認するとよい。文学を言語によって分けて配架することは役に立つのか。世界の文学（World Literature；IBDP の科目分野の 1 つとして採用されるアプローチ）のために必要な，800 番台のコレクショ

ンの標準的なサイズはどのくらいか。分類することで，生徒は資料が探しやすくなるのか。画面上のリンクをクリックするだけで資料が探せることに生徒が慣れていることを忘れてはならない。生徒が世界の文学について必要な資料を探しやすくする方法の1つは，英語で書かれた文学作品（例えば，アメリカ文学，イギリス文学，カリブの英語で書かれた文学など）を地域で分けずに混配することである。そのような資料の探し方を解説した生徒向けの情報シートは，巻末付録2に載せてある（訳注：DDC81がアメリカ文学，DDC82がイギリス文学。日本ではNDC：日本十進分類法を使うことが一般的であり，NDC93には英米文学つまりイギリス・アメリカ文学両方が混ざっている）。

　実際に，図書館にあるさまざまな英語の作品を確認してみるのもよいだろう。当然，現在は多くの共同編集があり，多国籍企業の出版社の数が増えたため，より国際的になっている。それでもなお，例えば，北米英語の作品と，オーストラリア英語，イギリス英語，カリブ英語の作品，南米やインドの英語で書かれた作品のバランスがどうなっているかコレクションを点検してみることは有効だろう。このようなタイトルが含まれているだけで，視野や視点の微妙な違いが出てきて，図書館のコレクションがより国際的なものになる可能性がある。

　図書館が貢献できるもう1つの側面は，教員の専門能力開発に役立つ，生きた関連資料のコレクションを利用可能にすることだ。そのようなコレクションには，今日の議論の観点から，国際主義と国際教育，言語開発，バイリンガル主義，TCKなどに関する資料を含む必要がある。学術的な文書に加えて，『国際教育研究ジャーナル（*Journal of Research in International Education*）』（IBが今世紀初めに創刊した定期刊行物）で，電子購読すると，バックナンバーの閲覧が可能となる。IB文書「一貫した国際教育の継続に向けて（*Towards a Continuum of International Education*）」の包括的な参考文献を参照することは，国際教育に関わる教育者のためのコレクション開発を進める出発点となるだろう。

IBとは何か，そしてどのように組織されているのか

　IBは国際的組織で，その使命は各IB公式文書の表書きにある活動目的で説明されている。IBは「異文化理解と尊敬を通じて，よりよい，より平和な世界の創造に貢献する，探究心があり知識豊富で思いやりのある若者を育てる」ことを目的としている。IBで開発されるカリキュラムは，国際教育に重点を置きながらもより発展的な内容をもちかつ厳密な評価が求められるために，学校などさまざまなパートナー，さまざまな国際機関，政府と協力する。IBには，IBを経験する生徒のためのビジョンがある。それは生徒が「積極的で思いやりに富んだ生涯にわたって学び続ける人」であり，特に「違いのある他者も正しいことを理解すること」である。これらはすべてIBのミッションステートメント（理念）にある。図書館員はそれを一語一句読み込み，図書館がどのように貢献できるか考えることをお勧めする。IBの使命は，IBを理解するための基本となる。生徒と生徒の成果，

特に探究（ミッションステートメントの最初の文で具体的に言及されている用語）は，IBの活動の中心である。

　IBは北アメリカとヨーロッパ，そして世界の他の場所にもオフィスがある。本部はスイスのジュネーブでIBがヨーロッパ発祥であることがわかる。しかし地域ベースで組織された国際的な組織である。現在あるリージョナル支部は，アメリカ（IBA），ヨーロッパ，中東，アフリカ（IBEAM），そしてアジア太平洋（IBAP）だ。リージョナルオフィスだけでなく，特定の地域内の国にオフィスがある場合もある。現在，カリキュラムと評価センター（IBCA）は英国ウェールズのカーディフにあるが，オランダのハーグに移転する予定である。このセンターはIBDPにおいて重要な事務所である。スタッフはプログラム，試験，規程情報に関する専門的な助言をする。

　IBはまた，通常世界中の学校のIB教員である試験官のネットワークを調整し，トレーニングを受けたIBワークショップリーダーと，学校の教員であるプログラム評価チームに関係する人々を支援する。ワークショップはIBの重要な教職員研修である。IBプログラムに関与する教員は，IBが提供もしくは承認するさまざまなレベルまたはカテゴリー（1～3）の，参加者の経験に応じて異なったさまざまなコンテンツのワークショップを受ける必要がある。カンファレンスも例年各地域で開催される一方で，主な教職員研修は定期的なワークショップを通じて行われる。ワークショップは，各IB支部によって手配され，受講可能なワークショップの詳細はIBのウェブサイトで入手できる（一部の科目ワークショップは，現在オンラインでも受講可能である）。その名のとおり，ワークショップは参加型の性質をもち，参加者がもたらす豊富な経験を認め，全員の利益のために共有することができる。図書館員向けワークショップにも言えることだが，IBワークショップの手法は地域によって異なる。IBAとIBEAM地域支部ではIBDP向けのもののみが提供される。

　アジア太平洋地域では，つながりのある3つのプログラムが1つの図書館員向けのワークショップで取り上げられる。主要な観点の1つが一貫性であり，重要な特徴である。ワークショップの中で，図書館員は自分と関係するプログラムごとに分かれてしまう可能性があるのだが，実際には図書館員は他のプログラムの図書館員とともにいることに価値を見いだしてきた。例えば，PYPでは展示（exhibition），MYPではパーソナルプロジェクト（Personal Project），DPではEE（Extended essay）というように，3つのすべてのプログラムには「最終プロジェクト」がある。そのため，すべてのプログラムに一貫して必要な参照スキルがあり，図書館員にとって共通の課題と学びがある。アジア太平洋地域では，ワークショップリーダーが，実践者が中心となって役に立つ情報や知識を提供するWikiをつくった（参照；http://librarianscontinuum.wikispaces.com/）。

　IBは主にOCCで日常の情報や支援を提供する。OCCの図書館員フォーラムには2人のモデレーターがいる。1人はPYPを主に扱い，もう1人はMYPとIBDPを扱う。モデレーターは現職の図書館員であり，さまざまなトピックやスレッドに表示される投稿を

定期的にチェックし，世界中の IB 図書館員からの投稿に対して情報を提供したり，彼らの貢献を促したりしている。OCC は過去に画像の問題を抱えていたが，それは OCC が提供する優れたコンテンツや議論とは何の関係もない。OCC は，世界中で利用され，IB の図書館の問題（つまり世界の問題）に独自の視点を与える可能性があり，辛抱強く続ける価値がある。他のメーリングリストや自己啓発のウェブグループももちろん優れた情報，リソース，助言を提供できるが，世界の特定の地域や特定の種類の学校に焦点を当てていることが多いだろう。また，IB は ICT について検討・開発しているので，図書館員は OCC に定期的に目を通し，貢献することをお勧めする。IB は 2010 年 8 月に ICT 戦略として，すべての IB 関係者のための新しい電子通信手段として IB バーチャルコミュニティー（IBVC）を開始した。

　OCC だけでなく，サブリージョングループ（例えば IB 中部大西洋地域）や，よりローカルなものでいえば，IBAJ（IB Association of Japan）や IBAK（IB Association of Korea）のような，国を単位とする IB 協会もある。そうしたグループは，会議を組織し，オンラインも活用しているはずだ。IBAP-LIS のように，IB リージナルオフィスが支援または奨励する自発的な図書館グループもある。IBAP-LIS は，IBAP 地域での一貫したワークショップモデルの設定に貢献し，委員会を通じて IB 校の図書館員の地域コミュニケーションを促進する。この委員会には IBDP 地域にある多くの国の代表者が含まれる。

　IBDP のカリキュラムはインターナショナルスクールの教員が関わって開発されたが，今では IB プログラムを提供するあらゆるタイプの学校で開発されている。（あらゆるタイプの学校の）教員は試験官でもありその人数は 6,000 人以上である。したがって，カリキュラム開発には，実践者が大きく貢献してきた。IBDP の各科目のシラバスは 7 年ごとに改訂されるが，これにもまた実践家が貢献しており，EE や TOK の要件も同様である。それゆえ，図書館員がすべて OCC で入手できる現在の必要要件を認識することが不可欠である。必要条件は IB ポリシーに沿って複数の言語で提供されている。

　さらに，IBDP コーディネーターは，最近の変更点や新しい内容（例えば，新しい指定図書セットなど）を学校に通知する「コーディネーターノート」と呼ばれる IB からの定期的な（通常は四半期ごとの）更新情報を受け取る。コーディネーターは，日常的に最新のニュースレターのリンクを共有したり，学校のイントラネットに掲載したりして，教職員に毎回の投稿を知らせている。通常，IBDP コーディネーターは，IB から情報を取って伝達する際の中心人物であり，図書館員は IBDP コーディネーターと定期的に連絡を取ることが重要である（Clark, 2006；Markuson, 1999）。

　IBDP について詳しく書かれた図書は 2 冊ある。パウンド著『国際バカロレア・ディプロマプログラム：教員と管理職のための入門（J. Pound, *The International Baccalaureate Diploma Programme: An Introduction for Teachers and Managers*)』（2006）とルーとモーリー著『IB ディプロマプログラムの導入：管理職，IB コーディネーター，教科主任と教員へ

向 け て（Loo & Morley, *Implementing the IB Diploma Programme: A Practical Manual for Principals, IB Coordinators, Heads of Department and Teachers*）』（2004）だ。新規の IBDP 校の教員に専門的なニーズを支援するもので，図書館の教員支援コレクションに加えるとよい。両者ともに，IBDP の実践者が執筆した文章を編集したもので，どちらも学校図書館の役割について特に具体的に扱ってはいないが，IBDP のさまざまな側面についての豊富な経験，詳細，実践的な戦略を提供する。

　IB に関する最近の一般的情報は，年 3 回刊行される生徒，教員，保護者向けの機関報 *IB world* に掲載される。*IB world* 誌はオンライン上で，IB 公式ページでも閲覧可能だ。紙媒体雑誌の 1 部は学校図書館で閲覧可能にすべきだ。世界中の IB 校のプロフィールが掲載されている *IB World Schools Yearbook* もある。

図書館員のための実践的戦略

● 図書館員は，最新の IB の「プログラムの基準と実践要網」と「プログラム評価ガイド」を熟知している必要がある。

● IBDP に初めて接する図書館員は，包括的かつ簡潔な概要について「ディプロマプログラムガイド」（2002）を参照する必要がある。最新版は OCC で常に入手可能である。

● IB が発行する重要文書に注意すること（例：国際主義における言語開発について）。

● 一部の IB 文書には参考文献やリストが含まれており役に立つ。それらの資料その他を図書館員が選択して教員用の専門的コレクションとして収集すれば，IBDP 認定までの過程とプログラムへの継続的な教員支援の両方に役立つだろう。

● IB のミッションステートメントを読み，図書館のポリシーや文書と関連づけるよう行動する。それらを図書館内に掲示する。

● 候補校など，プログラムへの理解が浅い図書館員は，IB 文書「国際教育の継続に向けて（*Towards a Continuum of International Education*）」を読むことで簡潔な概要を知ることができるだろう。

● 国際主義を図書館コレクションにどのように反映させるか理解するために，*Knowledge Quest* にあるロイスの論文「2 つの月を歩く：国際的な文学とともにボーダーを越える（John Royce, *Walking Two Moons: Crossing Borders with International Literature*）」を読む（https://aasl.metapress.com/content/l31g520526276034/）。

● 国際主義や国際的な視野を図書館の収書方針や継続的な実践に確実に反映させる。

● 図書館内の母国語のコレクションを確認するか，関連するセクションをつくることを検討する。

● メーリングリストやグーグルもしくはヤフーのグループで，近くの学校図書館員のネットワークに対して，現在の国際的提案について議論を開始し，質問をする（グループは IB に焦点を当てている必要はない）。

- IB's OCC for ideas（http://occ.ibo.org/ibis/occ/guest/home.cfm）を確認する。
- 関連する提案については，http://www.worldcat.org を参照のこと。
- 提案について IB Librarians Continuum ウィキ（https://librarians continuum.wikispaces.com/）を確認する（訳注：現在このウェブページは存在しないようである）。
- 地域の IB の図書館員のローカルまたはリージョナルグループについて問い合わせる。もし活動しているグループがない場合は，情報共有をするための非公式グループをつくることを検討する。他の IB 校との距離が許せば，単発のミーティングを開けるだろう。
- 地域の図書館員のための IB ワークショップについては，IB ウェブサイトを確認のこと。
- 組織としての IB がどのように構成され，発展し，変化しているか注意する。
- IBDP コーディネーターと継続して連絡を取り，定期的に発行されるコーディネーターノートの電子コピーを入手する。
- *IB world* 誌の紙媒体の毎号一節を，図書館で入手する。定期的に IB はコーディネーター宛に *IB world* 誌を複数部送っている。
- 学校が IB の認定または再認定の段階にある場合，どんな図書館の条件や関わりが役立つのか，またそれに付随する締め切りを含めてその支部での認可のプロセスを確認する。
- 図書館プログラムと IBDP との関連性を考えたり，評価したりしたい場合は，純粋に学校図書館に関するかぎり，IB の自己検証プロセスに従うことが有効だろう。学校がまだ認定（または再認定）プロセスの段階でなかった場合でも，この自己検証プロセスを，自己管理に役立てることができる。

第 3 章

IBDP 科目のマトリックスとコアの特徴

　IBDP を完了するには，受験者は 6 科目の履修が必要である。また，コア要件を完了する必要があるため，TOK のコースを受講し，CAS 要件を満たし，各自 EE のリサーチを行いエッセイを作成する。生徒は，各科目で必要な要件をクリアすると，1〜7 のスケールで点数評価される。一般的な科目の評価は主に，授業での評価と公式の試験で行われる。評価対象のコースワーク（訳注：コースワークとは課題・授業を含めた全体をさす）評価には，他校の教員や試験官も加わることがあるが，はじめは学内の教員が評価するため「内部評価（通称 IA）」と呼ばれる場合がある。最終試験は，2 年間のプログラムの最後に外部の IB が行い，おそらく別の大陸または別の IB 地域の試験官が評価する場合が多い。CAS については点数や成績はつけないが，生徒は CAS 要件を満たす必要がある。完了した EE，TOK エッセイ，プレゼンテーションには，それぞれ A 〜 E または N（落第）の評点が付けられる。ディプロマ取得のためには 45 点満点中，24 点以上をとる必要がある。平均点は約 30 点である。評価の基準はあらゆる IB 文書で説明されているが，役立つ詳細は *IB and Higher Education: Developing Policy for the IB Diploma Program Examinations*（「IB と高等教育：IB ディプロマプログラム試験のための開発方針」International Baccalaureate Organization, 2009）にある。

 科目マトリックス

　生徒は，グループ 1〜6 の各教科グループから科目を 1 つずつ選択する。教科グループは，言語，社会科学，純粋科学，純粋数学，芸術の 6 分野で，それぞれの名称は以下である。

　　グループ 1：言語（Language）言語 Al とも呼ばれる

　　グループ 2：第二言語（Language B）言語 B とも呼ばれる

　　グループ 3：個人と社会（Individuals and societies）

　　グループ 4：実験科学（Experimental sciences）

　　グループ 5：数学とコンピュータサイエンス（Mathematics and computer science）

　　グループ 6：芸術（The arts）

　以上 6 つのグループにはそれぞれ，いくつか科目の選択肢があり，生徒は各グループから 1 科目を選択する。このカリキュラムは，人間の知識と行為の主要な 6 分野の科目から生徒が 1 つの科目を選んで学習することで，学習の幅がを広がるという考えに基づいてい

る。生徒はハイヤーレベル（HL）3科目とスタンダードレベル（SL）3科目のクラスを受講する必要がある。HLとSLは，必要とする時間の長さ，要件の数，そして科目自体の特徴に違いがある。

　各科目には必須の内容またはシラバスがあり，詳細はOCCの科目文書のページに記載されている。実際，科目特性によって図書館の支援が必要とされる度合いは異なるだろう。しかしながら，どの科目で特に図書館の支援を必要とするかは学校によって違う。多くの場合，図書館の利用は，教員個人の好みと彼ら自身が図書館にどのような支援と関与を受けてきたかによって決定される。

　各科目群と考えられる図書館の関わりについての詳細を以下に示す。

グループ1

　言語A1グループでは，生徒は自分の第一言語で文学を学ぶとともに世界文学（world literature）から一科目を選ぶ。A1グループには40以上の言語の選択肢があり，IBDPがグローバルカリキュラムであるという事実を反映している。世界中から生徒が集まるため，母語も多様であるのがIBDP生の特徴である。

　言語A1グループでは，生徒は文学への個人的な理解，反応，および鑑賞眼，文学的遺産の尊重，そして国際的な視野といったものを養うことが求められる。A1グループの課題も，生徒が書いたり発表したりするスキルを自然に向上させるものとなっている。

　生徒の文学研究においては，取り上げられた著者や指定図書セットの文芸批評や指定図書セットに関連する歴史的時代や地理的場所に関する背景情報を求めて，図書館を使用する生徒もいる（Clark, 2006）。リサーチのためのテキストの選択肢が多様なので，図書館や図書館員にとっては，言語A1の教員との継続的な連携を図り，質の高いサポート資料の提供を行うことが課題となる。

　世界文学の分野を通して，生徒に文学が「汎文化的文脈」の中で機能していることを認識させ，自分たちの文化を理解できるようにする（Andain, Rutherford, & Allen, 2006, p.57）。そのことは，学校図書館がそのような文学の歴史的および現代的な例を提供できることを示唆している。

　特定の文献を読み込むことはこの科目群の授業の重要な要素である。そのためIBDPコースを開始する学年が始まる前の長期休暇中に，文芸作品を読み，考え，論評する「習慣を身につける」ことを生徒に奨励したり課したりする教員もいる。具体的な文献を生徒に推薦したり，図書館員に推薦を頼んだり，一緒にリストをつくったりする教員もいる。そのようなリストの実例として，「場所の感覚」をテーマとしたものがある。このリストを再現したものを，付録3として収録した。毎年多数のIBDP生徒がいる場合は，多様なテーマでリストを作成しておくのが有効だろう。あるいは，より一般的なジャンルまたは著者別のリストを作成する。目標は，生徒が図書館で必要な資料を探す際の最初の成功体験を

味わわせることである。

　北京のインターナショナルスクールで働くある図書館員は，グループ1の科目を支援するために，図書館員と教員の間のコラボレーション，協力，連携のための戦略を提示してくれた。例えば，シラバスの情報を参考にする。また，英語科から提供された情報をガイドとして，図書館員がさまざまなメディアの新しいタイトルを購入し，利用可能になったら教員に知らせるようにした。その他の戦略としては，英語科の会議への定期的な出席，図書館の新着コレクションを定期的に更新すること，IBDP コース初年時の現代文学テキストに関する生徒のための多読プロジェクトでのコラボレーション，プレコース長期休業中リーディングプロジェクトへのブックリストの提供，生徒が興味をもつ読み物に関する教員との共同プレゼンテーション，および研究方法に関する生徒への講習会の提供などがある（Scribner, 2000）。

グループ2

　第二言語グループでは，異文化を理解するために他の言語を学び，当然ながら語学力も身につけていく。ラテン語とギリシャ語という2つの古典的な言語と合わせて，さまざまな現代言語から選択可能である。提供される語学コースは学校によって異なる。第二言語のレベルごとに選択肢が用意されている。その言語をまったく知らない生徒のためのコースから，すでに習熟している生徒のためのコース，さらに，バイリンガルまたはトリリンガルで，文化と言語の両方を学ぶ生徒のためのコースまで，レベルの範囲は幅広い。各コースは，レベル順に，「**言語初級**（*Language ab initio*）」「**言語 B**（*Language B*）」「**言語 A2**（*Language A2*）」と呼ばれる。これらのコースの教材は，実践者が推薦している。その中には，「ヤングアダルトの小説—言語的に豊かでありながらも親しみやすい文体で書かれ，対象文化の中の現代的な問題を反映したもの」（Morley, 2004, p.295）も含まれる。図書館の各種語学雑誌やデータベース，語学コレクションの提供がこのグループの生徒にとって役立つと考える図書館員もいる。

グループ3

　「個人と社会」は，大規模な科目群であって，科目にはビジネスと経営，経済学，地理学，歴史学，グローバル社会における情報技術，哲学，心理学，社会文化人類学があり，2011年からは世界宗教も含められた。生徒がどの科目コースを選択する場合でも，個人としても社会の一員としても，人々に関連する理論やアイディアを批判的に分析できる必要がある。歴史については，定期的なエッセイの執筆が必要である。生徒にとって歴史調査を伴うかなりたいへんな課題が内部評価に使われる。そのために，歴史の教員と図書館員の協力や協働が起こり，その結果，図書館施設の予約，生徒へのデータベースに関するトレーニングの提供，リサーチや参照行為に関するより一般的なガイダンス（紙のブックレット

やウェブ版として開発されたテキストを利用したもの）などが行われることもある。ラチュプティは，生徒が学校図書館で，館内使用するために，あるいは自宅で使用するために，歴史のトピックに関連した視聴覚資料を借りる傾向があることを発見した（Latuputty, 2005）。時折，IB歴史のエッセイが *Concord Review* に掲載され，バックナンバーがオンラインで入手できるため，図書館員は求められる基準を確認できる。特に内部評価のために，生徒に対して，地元の大学図書館を訪れて専門的な情報源や文献にアクセスできるようになることを推奨するコメンテーターもいる。

　地理学については，映像資料を用いた事例研究が行われる場合がある。いくつものIBワークショップのフィードバックから，扱う事例は5年以内のものであるべきことが推奨されている。図書館のコレクションにこれらの映像資料がある場合，（また地理学の教員と協力して開発した資料であるような場合），5年以内という点が，収集と除籍の方針や実践に影響する重要なポイントとなりうる。

　グローバル社会における情報技術（ITGSとして知られる科目）は，ICTが社会全体に与える影響に注目するため，このテーマに関する研究では，最新の情報資源を使用する必要がある。当然のことながら，テクノロジーの変化のペースを考えると，このコースの内容は定期的に適切なものに更新されている。過去には，携帯電話など特定のメディアや技術を扱う毎年恒例のテーマがあった。このコースでは，テクノロジーが人々や組織にどのように影響するかにも目を向ける。学校図書館と図書館員を事例にすることもできる。ある学校では，テクノロジーによって図書館利用者のニーズや認識だけでなく，図書館や図書館員がどのように変わったか（具体的には，変化にどのように反応し対応してきたか）について，学校図書館員が生徒に話をした。これは，オンライン目録とデータベースがどのように機能するかを示すよい機会にもなる。図書館員は，「印刷されたページ」や物理的な図書館を超えた図書館の役割を推進できる。また，電子情報やデジタル情報へのアクセスを提供するという観点から，学校図書館が学校内の場所を超えた情報への電子ポータルとして，どのような存在になり得るかを示すことができる。実際，一部の教員（Mueller & Stefanics, 2004）は，次のことを推奨する。(a) 剽窃をしないようTurnitin.com（訳注：「Turnitin」（ターンイットイン）は，提出されたレポートや論文の内容を独自のデータベースと照合し文章の類似性をチェックする剽窃チェックツール）などを使用して，「教員は適切に資料を参照するように生徒に指導すべき」であり，(b) 必要なスキルには「学校のOPAC」をはじめとする「データベースを操る」能力が含まれ，(c) 学校図書館は，コンピュータ倫理に関する図書を提供する必要がある（p.330）。

グループ4

　グループ4は実験科学グループで，生物学，化学，設計技術，物理学，および環境システムの選択科目がある。繰り返すが，生徒が選択する科目コースが何であれ，その目的は，

科学理論と概念を分析，評価，および使用することである。生徒が科目に共通して必修すべき要素は，科学技術の進歩の社会的，倫理的，環境的影響を調べることである。このプロジェクトは共同で行ったり，グローバルな問題に目を向けたりすることを目標に掲げることが可能である。

このグループでの作業は非常に実践的である。ある図書館員は，「科学はほとんど実験室ベースで行われるため，リサーチ資料をフル活用する必要はなかった」と述べた。そのため，ハンガリーにあるアメリカン・インターナショナルスクールのように，このグループの生徒をサポートするために，さまざまな立場を取る科学の教科書をまとめて館外コレクションとしての提供も可能である（Clark, 2006, p.41）。生徒に最新の一般科学雑誌を読むように勧める教員もいるが，最もよく知られている雑誌は，もちろん *Scientific American* と *New Scientist* で，冊子とオンライン，またはデータベースから入手できる。教員は特定の主題，例えば特定の科学領域のための論文記事を提案することもある。特定の主題，例えば特定主題科学に特化した雑誌を推薦する教員がいる場合もある。個々の学校でIBDP を支援するために，図書館がさまざまな定期刊行物やその他のリソースを提供するのは IB において当然のことであることが示唆されている（Jones, 2004a）。

グループ5

グループ5は，さまざまなレベルの4つの数学コースで構成されており，その中で最も一般的なものは「数学研究標準レベル（mathematical studies standard level）」と呼ばれる。コンピュータサイエンスを学ぶ選択肢もあり，これを選択する場合は，数学の科目の履修も必要となる。

国際的な側面はあるものの（生徒はさまざまな文化的な視点から数学の発展を理解し，論理的思考，批判的思考を養う必要がある），このグループもまた非常に実践を重視している。このグループに提供可能な文献は少ない。一方である情報源によると，コンピュータ・サイエンス・コースは「インターネットでのリサーチに適している」（Dunkley, Banham, & Mcfarlane, 2006, p.121）と指摘されており，調査のために購読型データベースの利用を促すことは可能であろう。

グループ6

このグループは，映画（film），音楽（music），演劇（theater），芸術（visual arts）と新科目のダンス（dance；2011 に導入）で構成されている。生徒は，2つ目の科目として，このグループの科目ではなく，第1～5グループから選んで履修することも可能である。

この芸術グループのコースの目的は，批判的考察と実践的研究における生徒の創造性とスキルを開発することである。グループ6の科目では，パフォーマンス，実践的なプロジェクト，または作品の展示が求められる。また，図書館の利用（演劇制作の作品，演劇理論，

パフォーマンス理論など）や，芸術家の作品を刺激材料とすることなど，さまざまな派の芸術に触れることも有益であると考えられる。ある学校では，映画の授業が図書館で定期的に行われており，ジャンル別にさまざまな映画を鑑賞したり，映画のジャンルに関する文献や批評を参照したりすることが，授業や課題となっていた。担当教員は，図書館員と協力してバランスの取れた映画資料コレクションをつくったが，これは学校コミュニティーに広く提供された。映画と演劇コースの特徴として，生徒には特定の演劇公演と映画に対して批評をすることが求められており，それに対応するタイトル（大抵は毎年変わる）を迅速に揃えることが必要である。映画の課題タイトルは，これまでジャンルや監督で選ばれてきたが，演劇の課題は，さまざまな時代と世界の地域から選ばれている。音楽コースでは，1つまたは複数の楽曲を深く学ぶ必要がある。最近の指定図書セットは，パーセルの初期オペラ，モーツァルトの協奏曲，ドビュッシーの「海」から，アーロン・コープランドの管弦楽曲，デビッド・ファンショウの「アフリカン・サンクトゥス」まで多岐にわたっている。これらのタイトルによって，生徒に求められる具体的なレベルがわかる。このような音楽作品については，生徒は図書館のオーディオコレクションやオンラインサービスで提供されるさまざまな録音物や，批評文を利用できるが，例えば，ケンブリッジ大学出版局の優れた音楽ガイド／コンパニオンシリーズなどのように，大学レベルの資料が必要な場合もある。映画，音楽，演劇の推奨作品やセットのタイトルは，通常，IBDP コーディネーターノートを通じて学校に伝えられる。

　コース選択者は，作品の発展と影響を明らかにするために，研究ワークブックに取り組む必要がある。生徒は，コースの最後に（外部評価される）作品を展示する際，研究ワークブックを提示するよう助言される場合がある。図書館員が展示会を訪れ，ワークブックを見て，生徒と生徒の作品について話すのは価値があることだろう。生徒と作品について話すと，図書館が未来の IBDP で美術選択をした IB 生へどのようにサポートできるかアイディアを得られるだろう。図書館は施設内にさまざまな作品を展示可能だ。例えば，ある生徒のジョン・ダンの詩についての美術作品の場合は，毎年恒例の IBDP 美術展で図書館員が見ており，その後，作者が学校図書館に寄贈したので，文学コレクションに隣接して展示された。ある学校の公共エリアでの IBDP 美術の展示には，生徒が書いた次のような情報が添付された。これは，リサーチ・研究の一例である。

［作品名，アーティスト／生徒名］図書館中を探索することで，サルの体の描き方がわかる資料を見つけた。私の研究のほとんどは，図書館，雑誌，インターネットに助けられた。研究の過程で，ジェームズ・リーキーという芸術家，［また］デカンプとテナーズを発見した。また，ボブ・ディランのラセッターの写真のコラージュに最も影響を受けた。

　6つの科目群に加え，（環境システムなど）学際的な科目を含む選択肢が用意される場合がある。選択肢は学校の状況によって異なるため，図書館員は学校の IBDP コーディネー

ターと連絡をとり，生徒に何の科目が提供されているかを正確に確認する必要がある。

　筆者が行った研究では，複数の教員が，IBDP 科目の文書に，教育学的実践戦略としての学校図書館と図書館員の利用について言及されていないと述べたことを指摘している。科目文書は IBDP のほとんどの教員が情報を探す際に参照するものである。学校図書館に関する言及の欠如は，図書館の役割が明確に定義されていないことによる。実際には図書館は個々の教員の関心と熱意に依存し多様な形で使われていると考えられる。先に示した科目群の考察において，IBDP を実践する教員による文献の中で，図書館の関与については，図書館員が教える引用・参考文献リストの書き方の活動を除いて，2箇所であっさりと言及されているだけであった。資料の扱いとそのスキルの重要性がこれらの文書で一般的に言及されているにもかかわらずである。このことは，むしろ図書館員と教員のコラボレーション事例を報告することの意義とその必要性を示している。

　IBDP 実践者の重要なコメントの1つが，IBDP における図書館員の役割に注目している。ジョーンズ（Jones, 2004a）は，図書館員が「各教科・部門が自らのために発注したい資料を含む，学校のすべての参考資料」の購入決定に関わる必要があると考えた。提供すべき資料のタイプには，紙・電子の百科事典，その他の購読型データベース，剽窃防止ソフトウェアサービス，定期刊行物（紙と電子の両方），英語および外国語の新聞および雑誌，外国語の資料，さまざまなレファレンスブック，TOK に特化した資料，および科目群の教科書が含まれる。資源の管理については，各科目で特定の主題コレクションを維持管理することを認めている（それでも，図書館スタッフが目録をまとめて作成する必要がある）。さらに「各科目教員は，図書館に科目と関連するどのような資料があるかを把握し，図書館員と協力して生徒に参考文献を推薦しなければならない。TOK の教員も同様である」（p.63）としている。

　授業がない空き時間は，個々の自習や「スタディーホール」と呼ばれる自習時間に当てられるが，その自由は多くの生徒にとって新しい経験かもしれない。この空き時間を多くの生徒が一般的に「自由時間」と呼ぶが，学校によっては，特に生徒が図書館で自習する必要がある場合には，図書館員が生徒と直接接触する最大の機会かもしれない（この点については後ほど触れる）。

　また，図書館の役割を超えて，直接生徒とやりとりすることにも価値があるかもしれない。図書館の役割は教員が発展さえるものである。特に，小規模な科目でその科目に関する教員室資料をもっていない場合はそうである。しかし図書館には教員と生徒の両方に利用可能な資料がある。繰り返すが，すべて個々の教員の選好によるため，反応はさまざまなものになる。しかし，図書館員が可能なかぎり科目とのつながりをもつことには価値がある。図書館側の支援としては主に EE が注目されがちであるが（次の章で取り上げる），科目グループと TOK への支援も検討する必要がある。

🔍 TOK（知の理論；THEORY OF KNOWLEDGE）

　生徒は TOK のコースを受講し，締めくくりにエッセイを完成させ，TOK のテーマについてプレゼンテーションを行う必要がある。ディプロマを取得するためには，これらの課題を完了する必要があり，TOK の課題に与えられた点数は，最終的な総合点数にカウントされる。点数評価の構造は，OCC で入手できる「初めての試験のための TOK の手引き（*Theory of Knowledge Guide for First Examinations*）」（2008）で説明されている。

　TOK は，哲学的なアイディアやアプローチを使用するが，哲学のコースと見なされるべきではない。これは，生徒に自分の世界について広く批判的に考えさせ，知識の仮定やこれまで常識と考えてきたことに挑ませるためのコースである。基本的にこのコースは，IB の実践者がよく使う用語を用いて「既存の枠にとらわれない」考え方を生徒に教えるように設計されている。TOK は「生徒のメタ認知スキルを開発し，思考と知識の基盤の探究に挑戦する」構成となっている（Carber & Reis, 2004, p.340）。実際，ある TOK の IBO マネージャーの言葉を借りれば「TOK の強みは，探究へのこだわりである」（Clarke, 2002, p.11）。あるカリキュラム組織は，TOK は生徒に「教室の内外で得られる知識や経験」を提供するものであり，生徒はバイアスに気づき，証拠を合理的に分析できるようになるべきであると考えている（Qualifications & Curriculum Authority, 2003, p.1）。

　TOK の中心的または望ましい要素は批判的思考であり，図書館員はそこに焦点を当てて貢献するべきである。焦点を当てるべきは内容的なことではなく，TOK の鍵となるのは批判的思考なのである。確かに，TOK の「科目概要」は，「TOK サークル」のようなデザインで簡潔かつ視覚的に確認することができる。IB が科目の詳細を指示するにもかかわらず，TOK の教員や生徒はひんぱんに「TOK サークル」を参照する。これは 3 つのサークルが重なるベン図で，概念や相互関係を示している。IBDP 図書館員がこれらの図を含む OCC のガイドを参照するよう敢えてここに掲載しない。このガイドを読むときは，次の重要な用語を覚えておくと役立つだろう（ここでも特定の IB/TOK 用語がある）。

● 知る方法（Ways of knowing）
● 知の領域（Areas of knowledge）
● 真実（Truth）
● 知識の問題（Issues of knowledge）（以前は **Problems** of knowledge と呼ばれていた）
● 権威（Authority）
● パラダイム（Paradigm）
● 知る人（Knower（s））
● 言語（Language）
● 信念（Belief）
● 理由（Reason）

● 知覚（Sense perception）

　各生徒のプレゼンテーションは，個人または小グループも行えるのだが，点数は各生徒に付けられる。生徒のプレゼンテーションのトピックはどんなトピックでもよく，例えば，動物の権利からパルクール（都市環境で人が走ったり運動したりする場所。ときにフリーランニングと呼ばれる）と多岐にわたる。生徒が選ぶトピックは，TOK の概念や考えを探究するための手段である。TOK のプレゼンテーションは，特定の問題に関する事実や意見の提示ではなく，アイディアを提示するため，特定の問題に関して，どのように知るのか，何を知っているか，および知るための困難や課題に焦点を当てる必要がある。

　生徒は，毎年変わる 10 個のタイトルから 1 つを選び，正式なエッセイを書く必要もある。当然，事例の参照が必要でリサーチを伴うエッセイの場合もある。あるいは，生徒は形式的なリサーチを必要としないエッセイを作成することも可能だ。TOK の原則に基づくエッセイは，生徒のバランスのとれた批判的な視点を示すものだからである。エッセイの構造とアイディア，個人的その他の事例，主要な TOK の概念との関係，および参照（生徒が資料を使用した場合）に対して点数が付けられる。次の過年度のエッセイタイトルの例（OCCで入手可能）は，生徒に求められる探究レベルと批判的思考を示している。

● 歴史における言語と理性の役割について話し合う。
●「何が真実で何が偽りであるかの絶対的な区別はない」。この主張について話し合う。
● あらゆる「知識」の分野において信念を裏付ける証拠はどの程度必要か。
● 知識を探すうえで専門家の意見はどの程度重要か。

　TOK は，学校図書館が力を入れて支援しうるものである。筆者が担当した TOK への図書館支援をテーマにした IB 図書館ワークショップにおいて，参加者は「TOK サークル」に 4 つ目のサークルを追加し，学校で役に立つ図書館の支援を考えた。以下は，参加者が生成したアイディアの例である。

● TOK の教員とコラボレーションする。スーパーバイザー，教員，生徒とのコラボレーション。
● 図書，ジャーナル，オンラインデータベース，視聴覚資料，新聞などのコレクションを構築する。文芸作品，映画，マルチメディア，データベース，*Philosophy Now*, *New Scientist*, *Smithsonian* などを含む雑誌のリソース。一次および二次資料を含める。反対の視点を示すバランスの取れたコレクションを構築する。
● 図書館のコレクションでさまざまな文化的視点を表現する。生徒を揺さぶる資料を見つける。
● 母国語のコレクションを構築し，そこに外国語のテキストや新聞を含める。

● TOK が核となる専用のコレクションを構築する。

●生徒に話をしに来てもらう「専門家」についての知識を深める。より広いコミュニティーとのつながりを確認する。個人的な連絡先のリストを作成する。

●異文化間コミュニケーションを促進する。

●デューイ分類法の概念を普及させる。DDC000-999＝知の領域。

●図書館で協調的で柔軟な作業スペースをつくり，この学習に適した環境を提供する。開館時間を延ばすことで柔軟性を確保する。

●昼休みに「お立ち台」（訳注：生徒が立って主張できる台）を用意したり，自由に書ける掲示板を作成する。

●魅力的な展示を行う（例：禁書や TOK テーマ）。

●仮想教室スペースを管理する。

●生徒に機器の使用方法を示す（つまりプレゼンテーション用）。

●リサーチを基盤とするエッセイやプレゼンテーションを支援するため，オンライン情報，テキスト，レファレンスサービスを提供する。

●オンライン情報，テキスト，または参照支援を介して，リサーチを基盤とするエッセイまたはプレゼンテーションを支援する。

●質問スキル，ディベートスキル（ブッククラブ，ブログなど）を育成する。

●高度なリサーチスキルを教える。検索語の特定と問いの言い換えを支援する。コレクション，活動，レッスン，さまざまな観点で考えるツールや明確な鍵としてのアート・コスタ（訳注：Arthur Costa，カリフォルニア州立大学で子どもの認知の発達についての研究を行ってきた）の研究および手法を用いて批判的で創造的な思考スキルを身につける。

●グラフィックオーガナイザーの使い方を教える。スタディスキルや参考文献リストの作成の仕方の冊子。

●リサーチおよび情報リテラシースキル，調査プロセス（足場かけ／支援），参考文献リスト作成の仕方を教える。参照スキルの明確な説明をする。

●生徒に個別のカウンセリングを提供する。メンターになる。質問語の作成と言い換えの作業を支援する。生徒のための共鳴版（新しいアイディアの相談役）としての役割を果たす。

●知識を整理するデューイ十進分類法の理解を深める。

●知識整理の授業を行う。

●モデルの理解とさまざまな視点の受け入れ。

●ナレッジ・マネジメントスキルを示す。

●学問的誠実性をモデル化して促進する。

　これらの提案は，学校図書館員の仕事内容と学校図書館員に関する文献の傾向を反映する，4つの領域に分けられる。領域は次のとおりである。

- コラボレーション
- リソースと情報の提供と専門知識
- 施設の管理
- 教育と個別指導

　これらの提案の中には，より一般的な（したがって，他のカリキュラム領域と同様にTOKに関連する可能性がある）ものもあれば，TOKシラバスに焦点を当てたタスクを提案しているものもある。TOKプログラムを支援するために，これらの提案を検討する価値がある。

　もう1つの役割として，通常のTOK教員の役割も考えられる。TOKの教員らは，1つの分野の出身ではなく，またそうあるべきではない。教員は，構成主義的な方法での生徒との協働に興味があるからこそTOKを教えている。TOKの教員は，学校生活のあらゆる分野または少なくとも大部分をカバーできる人たちであるのが理想的である。図書館員がTOKの指導に関わることは，必要に応じてでも，TOKチームの正式メンバーとしてでも可能である。IBが開催するTOKを訓練するワークショップがあり，他の教科や図書館のワークショップと同様に，これらに参加するのはIBプログラムを教えるための要件の1つである。IBのTOKの試験官になることも可能であるが，試験官としての資格を得るには，TOKの教員である必要がある。以下に転載するメールは，臨時的あるいはフルタイムのTOK教員になる方法についてメーリングリストで質問した図書館員に，私が返信したものである。これを読めば，アイディアが浮かぶかもしれない。

　私はTOKの教員として，知識がどのように構成されているか（デューイ十進分類法に本当に関連するか）についての一回限りのセッションを提供することから始めました。実はこのセッションは，ある教員との何気ない会話の中から始まったのですが，数週間後には，私はTOK科目の担当教員の一員になりました。チームが新顔や新しいアイディアを求めていたのかもしれません。

　TOK教育プログラムにどのように自分が参画できるか，IBDPコーディネーターに表明するアイディアが必要であるならば，次の点に興味をもってもらえればと思います。生徒が知る人や知識とは何かを考える場合には，知識がどのように整理され組織化されているかなどについてのセッションを提供できます。おそらく，知識の「権威」（論文制度など）や知識の問題点（現在のTOK用語でいうところの「問題」）をもち込んで，知識と情報の区別などをしていくのが，しっくりくるのではないでしょうか。

　学校がサークルを中心にTOKコースの概要を整理しているのであれば，サークルごとに参加するように数回に分けて開催するのもいいかもしれませんね。そうすることで生徒は，コースを通して，時々TOKの教員としてのあなたの役割を思い出すことになります。あなたがおっしゃるように，上級生（おそらく図書館を利用していない生徒も含めて）にIBDPの教員としてのあなたを見てもらうのはよい動きだと思います。

　知る方法という点では，言語について教えてみてはどうでしょうか。例えば，専門用語に着目して，これによっていかに特定のグループ，特有の専門用語や頭字語を理解している集団や

エリート内に「知識」が限定されるのかという問いが考えられます。学術言語とテキスト，統制語と自然言語の比較なども考えられますね。

　「知の領域」では，倫理の一環として，剽窃や学問的誠実性について何か教えるのはどうでしょうか。

　私の勤務校では，最新のニュース，短い演習，テーブルディスカッションをたくさん行いました。G11 と G12 のすべての生徒が IBDP 生だったため，特に EAL［習得言語としての英語］として英語で学ぶ生徒や多様な能力の生徒に適していました。生徒に教科書を渡しませんでしたが，アイディアや刺激材料として図書館に何冊か置いておきました。特に Richard van de Lagemaat の TOK の本が役に立ちました。

　また，各教員が「知る方法」や「知の領域」から１つずつ担当する単元を選んで提供し，生徒が順番に受けていく方法も取りました。担当する単元をどのように行うか考える経験は役に立ちますし，一方ですべてに関わる必要がないので，時間が節約できます。

📖🔍 図書館における TOK コレクション

　図書館は，図書，DVD，データベース，定期刊行物，新聞など図書館資料を整備するという点でも TOK を支援していくべきである。TOK 教員と連携・協働してそのようにすべきだ。このコレクションは，主題（または少なくともデューイ十進法のシステム）の対象が広範囲になりうる。幅広いコレクションは，関連する資料が自然とコレクション全体に配置されるという問題がある。考えられる利点の１つは，教員と生徒が特定の資料を探す際に他の役立つリソースを見つけられること。表裏一体で欠点として，わざわざほかを見にいかないことである。これを回避する方法としては，TOK に関する資料をリソースリストのように OPAC 内でタグ付けしたり，「TOK」を主題用語として使用するなどがある。あるいは，別置してコーナーを設けることである。

　これにより，さまざまなメディアをまとめても，分類を維持できる。分類番号の前に「TOK」を付け，「TOK コレクション」などの明確なガイドで目立たせて特定のエリアに収容する。これにより，生徒（および教員）が見る場所が制限される可能性があるが，資料を１箇所にまとめることは利用者にとって役立つ場合がある。ただし，これを別置にすると決めた場合は，図書館の蔵書には他にも有用な資料があることを示し，これらを見つけやすくするために，前段で示した方法を使うことができる。

　TOK コレクションに何を含めるべきか。OCC の TOK ガイドで特定された概念を探究するアイテムに加えて，TOK の教員が探究したいテーマ，およびその他の刺激的な資料を加える。関連する項目は付録１で提案した。他のアイディアは，OCC の図書館員のフォーラムを見る，アイディアやタイトルを尋ねるなどすれば得られるはずだ。IB の図書館ワークショップでの提案を集める，インターネットで他の学校の TOK リソースがオンラインにリスト化されているかどうかを確認するなどもよい。関連する概念やアイディアの抽象的な性質を考えると，多くのタイトルは本質的に学術的なものになる可能性がある。ただし，より読みやすく簡潔で「ひねりのきいた」アイテム（グラフィックノンフィクションなど）を提供することが重要である。

図書が主な媒体となるかもしれないが，データベース，定期刊行物，新聞には役立つ情報が含まれている可能性があることを教員と生徒に知らせることも有効である。これらの情報源は，教員が使用することもできる。特に，与えられたトピックを説明し，特定のテーマに関する議論を活性化する話題性のあるアイテムを探す場合には有効である。トピックグループやテーブルディスカッション，フィードバックの技法，ソクラテス対話，その他の一般的な構成主義的な学習アプローチが TOK の授業で使われている場合は，特にそうである。ある教員は，「図書……新聞や定期刊行物の記事，ビデオ，これらはすべて，議論や分析に揺さぶりをかけることができる」（Austin, 2006, p.40）と述べ，これらを活用して授業をするためのゼミ方式の授業を提唱した。一部の学校では，生徒は TOK のテーマに関連する（電子・紙媒体を問わず）新聞や雑誌の記事収集を求められる。情報項目は，評価を伴う TOK プレゼンテーションのアイディアやテーマを提案したり，TOK エッセイの具体的な例（必須）として使用したりすることもできる。生徒がキャラクターや状況に共感しやすいため，映画を使ってテーマへの理解を促そうとする教員もいる。繰り返すが，これらは図書館で利用可能にすることができる。

　TOK コレクションの構築は，図書館員のスキル，組織，および知識に大きく依存するが，情報源管理または知識管理を行うものとしての図書館員の役割を促進することにも価値を発揮する。図書館員の役割には，学校外の情報源，人，慈善団体，地域の任意団体，地区，市および政府機関，および高等教育などの組織等に関する情報の提供が含まれる。

　EE については次の章で述べることにする。TOK が生徒に創造的，批判的，そして広く考える機会を与え，そして EE は生徒がそのようなスキルを適用できることを示す機会であるという点で，TOK のために行われた作業と EE の間につながりが見られるはずだ。IBDP コアの残りの要素は CAS ［コミュニティー，アクション，およびサービス］（訳注：現在は，Creativity Action Service の略語として「CAS」が使われる）である。タイトルが示すように，CAS では，生徒は何らかのコミュニティーでの奉仕と活動に関与する必要がある。コミュニティーには，ローカル，リージョナル（地域），またはグローバルなものがある。例えば，ローカルよりはリージョナル，リージョナルよりはグローバルに，より広い範囲の都市環境に関わる機会が増えるなどの可能性がある。また，インターナショナルスクールの場合，生徒がコミュニティーでボランティア活動をするとき，ローカルなあるいは法的な問題が伴うこともある。それは学校の状況による。繰り返しになるが，CAS要件のガイドが OCC にある。また，すべての IBDP 生が CAS 要件を完了する必要があるため，各 IBDP 生を監督する CAS コーディネーターが学校にいる必要がある。図書館は，生徒が実現可能なプロジェクトや地域コミュニティーの情報を生徒に提供する役割を担う場合がある。

図書館員のための実践的戦略

● IBDPの用語は科目エリアとコアとなる要件に関わるためこれに精通している必要がある。

● IBDPの科目群マトリックス内の個々の科目に対する図書館支援について科目教員と話す前に，OCCの科目に関するドキュメントを確認する。

● グループおよびグループ内の個々の科目に対する図書館の対応は，科目および教員の希望によって必然的に異なることを受け入れる。

● 生徒のCASニーズを図書館が支援する方法については，コーディネーターに相談する。

● リソース提供者，図書館員，TOK教員，またはこれら3役すべてを担い，TOKコースに参画することを検討する。

● 図書館が「TOKの生徒と教員の利便性のために，情報リソースと支援をどう提供するのが最適か」を検討する。

● 図書館の利用で生徒を支援する方法を検討する前に，非公式のウェブサイト（www.ibtokspot.blogspot.com など）をチェックして，生徒の考えや懸念事項を確認する。

第4章

課題論文

　課題論文（Extended Essay；以下 EE）は IBDP に特有のもので，IBDP 生はリサーチを伴うエッセイまたは論文を完成させることが求められる。EE は「適切な要約，完全な書誌事項，および詳細に議論されたテキストを含む，適切なデータに裏付けされた」（Austin, 2006, p.160）フォーマルな研究である。学校は，EE 完成に向けてさまざまな段階的期限を内部で設定できるが，すべての生徒は，4000 ワード以内（訳注：日本語で EE を書く場合は 8000 字以内）の正式な論文を，計画，調査し，執筆する必要がある。個々の論文は，評点を付けられ生徒の最終評価の一部となる。生徒がディプロマを取得するには EE を完成しなければならない。生徒にはそれぞれ，論文のスーパーバイザーが置かれる。通常スーパーバイザーは学校の教職員である。IB の DP コーディネーターが EE の全体的な責任を担うのが普通であるが，DP 生の数が多い場合は，EE コーディネーターが任命されるだろう（図書館員が任命されることもある）。EE の IB ガイドは OCC で入手可能である。図書館員は 2010 年 12 月の最新版に精通している必要がある（訳注：現在，日本語版の最新のものは「課題論文手引き」として 2016 年発行，2020 年に更新されたものである）。この文書には，生徒が遵守すべき規則が書かれている。

　EE は，多くの個人や組織によって評価されてきた。イギリス政府の資格およびカリキュラム機関（UK's Qualification and Curriculum Authority, 2003）は EE が「大学が期待する種類の個人のリサーチおよびライティングスキルを IB 生に身につけさせることにある」と述べた。オーストラリアとニュージーランドの大学のスタッフ，およびオーストラリアの研究教育評議会（Australian Council for Educational Research）の研究において「IBDP のコア科目は高等教育生活への効果的な準備となる」としている（Coates, Rosicka, & MacMahon-Ball, 2007）。ムンロが行った EE に関する研究についての記事からも，生徒が EE に取り組むことで，既存の知識の理解を超えてより学びを深められること，さらに自らの知識をつくることができるとわかった（Munro, 2003）。ムンロは，自立した学び，タイムマネジメントのためには，動機付けと自己管理（IB の一般的なガイドラインには，生徒が EE を 40 時間かけて完成させると記されている），創造的思考，そして新しい仮説を提示する前に，情報を選択，整理，評価するための情報リテラシーが必要だと述べている。

　この研究から，図書館が EE を中心にして支援しているとしばしば認識されていることがわかった。論文を作成する過程で，生徒は個人でのリサーチとライティングという高等教育で期待されるスキルの練習をする。この点で，引用と参照のスキルは非常に重要であるが，IBDP の資料には図書館員の役割と切り離された論及しかない（Jones, 2004b など）

(訳注：現在では，「課題論文手引き」からわかるように，「図書館司書の役割」が示され「参考文献の表記法について一貫制のある情報を提供する」スキル開発において重要な付加的サポートを提供できることが示唆されている）。

　生徒の経験はさまざまで，図書館での資料の利用についての経験は特にそうである。例えば，ヴォイピオという生徒は，自らのトピックをサポートするような関連資料がないことに気がついた（Voipio, 1993）。彼はまったく新しい知識を生み出し，その後，自分の発明の特許を申請した。ある別の生徒は，居住国の図書館インフラを利用したが，限られた記事しかなかった。生徒は独自の洞察やこれまでに見たことのない問題に目を向けることを期待されるため，これらの生徒の経験は珍しいことではない。したがって，関連するリソースをほとんど見つけられないことは問題かもしれないが（Petersen, 2003），必ずしも否定的な側面として見られるべきではないものの，このことを生徒に指摘しておく必要があるかもしれない。しかし，生徒はエッセイの仮説を可能な限りリサーチに基づいたものにする必要があるが，一般的な文献からより絞って文献検索を行う必要があるとは認識していない可能性があり，文献を広く探すことはほとんど望めない。また，生徒の一部には，戦争や独裁者，その学校で以前（EEで）執筆されたテーマのバリエーションなど，長年にわたって取り上げられてきた分野の論文を書く傾向がみられる。一方で，「地域の歴史に真面目に取り組んだり……，フィールドワークや実験に基づいた質の高い科学的なレポート」（Mathews & Hill, 2005, p.162）を作成したりする生徒もいる。論文は，生徒自身が開始し進め実施し完成すべきだが，大人の支援は必要である。

　ジョーンズ（Jones, 2004b）は，IBDP コーディネーターがエッセイのプロセスのスーパーバイザーとなるのだが，それは，「司書教諭との連携を図りつつ」行うことを推奨している。早い段階で生徒とアイディアを十分に議論すれば，図書館員はその生徒のために必要な資料を入手可能だ。リサーチに関するワークショップを開催できれば，生徒は図書館を最大限に活用し恩恵に預かれる。「図書館，教員，生徒を堅く明白に結びつける」状態をつくり出すことが重要で，それをしなければ「多くの生徒は EE のために図書館を使うことはないだろう」。図書館員は，教員（論文スーパーバイザー）と生徒の両方に「リサーチ，参照，論文の構造」についてアドバイスする役割がある（pp.198-199）。この主張は，図書館と図書館員の EE への関与に関するものの中で，図書館情報学の立場以外のものとして最も進んだものである。

　IBDP における学校図書館員の主な役割を EE のサポートだとするならば，それは文書や研究の中では特定されておらず，図書館の隠れた役割であることを示唆している。その代わりとして，生徒は，教科や教員の個人ライブラリを使用したり，大学図書館にアクセスしたりして，資料を入手する。リサーチにおける選択肢は，学校によってさまざまである。

　ジョーンズ（Jones, 2004b）や筆者の研究によって，学校図書館員が意識すべき EE に関する問題は次のものである。

- 図書館員が通常十分に活かされていない。
- 質の高い支援を提供するためには，早い段階で図書館員に相談する必要がある。
- 図書館員は，特に資料がほとんどない場合，生徒が新しい知識や発明や新製品を生み出す可能性がある場合を除いて，トピックに反対することさえできる。
- 教員が図書館の役割に気づいていないことがある。教員がスーパーバイザーである場合，教員の生徒への助言は鍵となるが，その助言は図書館の利用を明白に勧めるものではないかもしれない。
- 生徒は，自分の学校の図書館だけでなく，他の図書館や情報インフラにアクセスする必要がある場合もある。
- 生徒および／ないし教員と図書館員は，地元の大学と有益なつながりをつくりうる。
- 図書館員は学校図書館に，模範となるような EE の幅広いコレクションを備える必要がある。
- 情報提供と助言の両方のために，ウェブサイトとオンラインサポートを開発可能である。
- 図書館員は，学校の論文ライティングガイドを執筆可能である。
- 図書館員は，生徒が利用したことのないオンラインデータベースについて支援や授業できる。
- ディプロマ取得段階の IBDP 生にとって，リサーチスキルが課題に対して十分なものかについて評価できる。生徒のスキルは，今後取り組む課題に十分対応できるものか。

EE のタイトル

　EE の要件を理解したあと，EE を進めるうえで最初に生徒が行うことの1つは，真に興味のあるトピックを見いだし1つの問いに絞り込むことである。

　この節では，各種の資料で言及された EE のタイトルを見て EE の具体的かつ独特な特質を示したい。また，併せてタイトルがどんな主題であり個々の EE の評価がどうだったのかの分析も行う。役立つ事例を提供することで，生徒たちがめざすべき基準がどのようなものであるのかがわかるようにすることは，よい実践と考えられている（Dando, 2004；Wallace, 2003）。したがって，この節では，どのような問いが立てられトピックがどのように選ばれているのかの範囲を示す。トピックの選択は，主張を裏付ける資料を入手するスキルと，EE の個々の問いに対する図書館員のリソース調達能力に左右される部分がある。

　EE がきわめて専門的であることは，アメリカのインターナショナルスクールの生徒が完成させた論文のタイトル「1920 年代のサウードとイフワーンの同盟は，それぞれの目標の達成にどの程度貢献したか（*To What Extent Did the Alliance of Ibn Sa'ud and the Ikhwan During the 1920s Lead to the Achievement of their Respective Goals*）」（Elwan, 1989）を見れば明らかである。この論文は，歴史を学ぶ高校生を中心に優れた論文を掲載する季

刊誌 *Concord Review* の IB 特集号（1991 年発行）に収録されている。この専門誌には他にも，日本のインターナショナルスクールの生徒が書いた「誰が特攻隊のパイロットになったのか。そして任務の遂行に臨んで彼らはどのように感じたのか（*Who Became Kamikaze Pilots, and How Did They Feel towards Their Suicide Mission?*）」（Sasaki, 1996）などを掲載している。*Concord Review* では，IB 論文（EE と歴史のコースワーク論文の両方）を随時発行しており，その一部はオンラインで閲覧できる。

IB の機関紙 *IB World* 誌では，以前に成果を称え，模範となるような論文を掲載していた。そのような論文の 1 つに「カナダの会話英語：地域による違いと国民性（*Spoken Canadian English: Regional Variations and National Characteristics*）」（Hardman, 1994）がある。いくつかの論文からの抜粋と試験官のコメントもこの号（*issue* 15, 1997）で発表された。Dickinson（1997）は，「書誌……と完璧な論証は，この論文を支える広範なリサーチと慎重な考察が行われたことを明確に示している」（p.27）と評した。その論文は，主に 2 つの情報源を元にしていたが，全体的に，批判的思考とライティングの基準の点で優れていると評価された。

学校のウェブサイトに，論文のタイトルの例が掲載されていることもある。2009 年に提出された以下の 3 つの論文タイトルは，エジプトのカイロ・アメリカン大学のウェブサイト（2010 年）から引用している。

「インターナショナルコンチネンタルホテルカンパニーは，インターナショナルハルガダリゾートの収益をどのようにして最大限に増やすことができるのか (*How Can the International Continental Hotels Company Maximize Profits of their International Hurghada Resort?*)」（科目分野：ビジネスと経営）

「エジプトのニュータウンの成功：アルリハ市の事例 (*The Success of Egyptian New Towns: A Case Study of Al Rehab City*)」（科目分野：地理学）

「ミューズ神と乱用：聖戦の誤解とそれが現在の政治状況にどのように結びついたかの分析 (*Muse and Abuse: An Analysis of the Misconception of Jihad and How It Led to the Current Political Situation*)」（科目分野：平和と戦争研究）

実験科学の論文に取り組むことによって，生徒は重要な研究を行う機会を得る。イギリスのある学校で生徒が選んだトピックと問いの例は以下のとおりである。

「ワラジムシの習性，非生物学的指標，非生物的因子，カム川の水質；フルーツ飲料のビタミン C 含有量分析法の比較 (*Behavior in woodlice; abiotic index, abiotic factors, and the water quality of the River Cam; comparison of methods to analyze the vitamin C content of fruit drinks*)」（Dunkley, Banham, & Macfarlane, 2006）

OCC には，オーストリアのウィーンにあるインターナショナルスクールの論文タイトルのリストが置かれていた。これは 2005 年 12 月に開催された IB 図書館員フォーラムに

提出されたタイトル例に関する質問にデータベース上のリソースとして対応したもので，タイトルと関連する主題分野（subject area）が含まれる。

「クアラルンプール国際空港は，形が機能に従っている例か，それとも機能が形に従っている例か *(Is KL ［Kuala Lumpur］International Airport an Example of a Form Following Function or Function Following Form?)*」（芸術とデザイン）

「シジュウカラの繁殖行動 *(The Breeding Behaviour of Great Tits (Parus Major))*」（生物）

「ウィーンのマクドナルド：独占？ *(MacDonald's in Vienna: A Monopoly?)*」（経済）

「仮想 3D の世界に住む *(Living in a Virtual, 3D world?)*」（インテリジェント・トラフィック・ガイダンス・システム）

「補強材を増やすことは，合成物の強度にどのように作用するか *(How Does the Increase of Reinforcement Material Affect the Strength of a Composite Material)*」（物理）

「セマの儀式（メヴレーヴィ教団）における器楽 *(Instrumental Music in the Sema Ritual (Mevlevi))*」（音楽）

「メソッドは俳優に究極の技術を与えているか，それとも他の対照的なメソッドが使われることが可能か *(Is Method Acting the Ultimate Technique for Actors or Can Other Contrasting Methods Be Used?)*」（舞台芸術）

特に言語 A1（Language A1）において，よくできたタイトルの例は次のとおりである。

「ソフォクレスによる『オイディプス　レックス』とアーサー・ミラーによる『セールスマンの死』におけるアリストテレスの悲劇の形式に関する研究 *(An Exploration of Aristotle's Tragic Form in "Oedipus Rex" by Sophocles and "Death of a Salesman" by Arthur Miller)*」

「音楽の暗喩：『コレリ大佐のマンドリン』のテキスト版と映画版における愛と戦争のパラドックスを表現する音楽の使用について *(The Metaphor of Music: The Use of Music to Express the Paradox of Love and War in the Text and Film Versions of "Captain Corelli's Mandolin." (Morley, Beverley, & Ruhil, 2004, p.246))*」

ハンターら（Hunter, Payne, Hobman, 2004）は，タイトルの選択が論文の成功を左右するという一般的な見解に同意しており，グループ 4 の分野におけるまた違ったタイトル例を示している。

「ゴルフボールのデザインは，スピンの増加にどの程度効果的か。ゴルフの物理学と比較して *(How Effective Are Different Golf Ball Designs in Increasing Spin? rather than The Physics of Golf)*」

「バナナの皮が発芽に与える影響は種子の発芽に影響を与える要因より大きいか *(The Effect of Banana Peel on Seed Germination rather than Factors that Affect the Germination of Seeds)*」

「偏光分析法は果汁の分析よりも砂糖の純度の分析に有効か *(Can Polarimetry Be Used to Analyse the Purity of Sugars? rather than Analysis of Fruit Juice" (p.405))*」

日本のインターナショナルスクールの図書館コレクションから入手した 2003〜2005 年に書かれた EE の中から，A，B の評価を受けたものを紹介する。

「水質汚濁管理技術と〔特定の名前の川〕におけるその影響 (*Water Pollution Management Techniques and their Impact on [names of rivers in a specific city]*)」科目：地理　グレードA

「なぜ日本の競馬界は，純粋国内系統馬を育成しないのか〈原文日本語〉(*Why Doesn't the Japanese Horse Race World Breed Pure Domestic Blood Strain Horses? (Title translated from Japanese)*)」科目：日本語　グレードA

「アメリカは日本に法制度を強制したか。子どもの親権に関する法律の事例研究 (*Did the USA Impose its Legal System on Japan? A Case Study of the Law of Child Custody*)」科目：歴史　グレードB

「日本の少年漫画は，アメリカのものとどのように異なるアプローチを示しているか (*In what Ways do Japanese Boys' Comics Show a Different Approach to Those of the USA?*)」科目：芸術　グレードB

「第三帝国は，ハインリッヒ・ヒムラーのオカルト思考に影響を受けたか (*To What Extent Was the Third Reich Influenced by Heinrich Himmler's Occult Ideas?*)」科目：歴史　グレードB

「世界共産主義運動のリーダーとして，スターリンではなく毛沢東は，1949〜1953年の期間どこまで影響力があったか (*To What Extent Was Mao, and Not Stalin, the Leader of the World Communist Movement from 1949 to 1953?*)」科目：歴史　グレードB

「ミステリー小説が読者に愛される理由 (*The Reasons Why Mystery Stories Are Loved by Readers (translated from Japanese)*)」科目：日本語　グレードB

「グラフ理論を使用した，2つの大都市の鉄道システムの効率性の比較調査（シドニーと東京の比較）(*A Comparative Investigation, using Graph Theory, of the Efficiency of two Metropolitan Railway Systems (Comparing Sydney and Tokyo)*)」科目：数学　グレードA

「素晴らしいコードスイッチング (*Wonderful Code Switching*)」科目：日本語　グレードA

「1945年にアメリカが日本に原子爆弾を落としたことは正当化されたか (*Was the Atomic Bomb Employed against Japan by the Americans in 1945 Justified?*)」科目：歴史　グレードA

「日本と中国の教科書の比較研究と1895〜1937年の中国における日本の侵略の描写について (*A Comparative Study of Japanese and Chinese Textbooks and Their Depiction of Japanese Aggression in China 1895-1937*)」科目：歴史　グレードA

「東京の靖国神社をめぐる歴史的論争の理由は何か (*What Are the Historical Reasons for the Controversy that Surrounds the Yasukuni Shrine in Tokyo?*)」科目：歴史　グレードA

「なぜ紫式部の源氏物語は，女性を主とする読者に今でも人気があるのか〈原文日本語〉(*Why Is Genji Monogatari by Murasaki Shikibu Popular Now Amongst Mainly Women? (Title translated from Japanese)*)」科目：日本語　グレードB

「オーニソプター（羽ばたき機）の飛行に影響を与えるものは何か (*What Are the Factors Affecting the Flight of Ornithopters?*)」科目：物理　グレードB

「日本と他の国々の高齢化問題：政策の比較〈原文日本語〉(*Aging Problem in Japan and Other Countries: A Comparison of Policy (translated from Japanese)*)」科目：日本語　グレードB

「1936年の2.26事件は，日本の軍事政権の確立にどの程度貢献したか (*To What Extent Did the 2.26 Incident in 1936 Contribute to the Establishment of the Military Rule in Japan?*)」科目：歴史　グレードB

「日本の伝統的な屏風絵画における余白の意義と影響は何か (*What Is the Significance and Influence of Yohaku in Japanese Traditional Byobu Paintings?*)」科目：芸術　グレードB

「今日の学校の役割は何か〈原文日本語〉(*What Is the Role of School at the Present Day? (translated from Japanese)*)」科目：日本語　グレードB

論文を完成させるまでにタイトルのこと以上にすべきことは膨大にあるが，トピックの

領域を，単なる記述ではなく調査や探究によって1つのタイトルに絞り込むことは，多くの生徒が困難と感じていることであり，論文のスーパーバイザーや図書館員などの他の人からの支援が役に立つだろう。上記したタイトルは形式がすべて異なる。簡潔で力強いものもあれば，副題があるものもある。直接的な問いもあれば，主張の場合もある。ただし，論文のタイトルはすべて（主題も地理的区分も）非常に具体的である。論文によっては，その分野における情報がほとんどないために新境地を開くものとなる場合がある。一方で，上記のトピックには，例えば第二次世界大戦のように，多くの資料が存在すると予測できるものもある。それでも，特殊な視点や新しい角度から焦点を当てた問いを選択することによって，その独自の視点を補強するために，生徒はより一般的な資料を利用し参照する可能性がある（特殊な情報のために一般的な情報源を使う場合，生徒が理解しきれずに資料をいい加減に利用するおそれがある。より一般的な情報源から特定の情報を抽出することに生徒を慣れさせるには，図書館員が生徒に相応しい章，セクション，ページを例として見せる必要がある場合もある）。

　トピックの選択と問いの絞り込みは，個々人が対応するものである。新しい知識や思考につながる課題にチャレンジすることで生き生きとする生徒がいる一方で，リサーチや選んだ問いにクリティカルに答えるための情報源を探すことに，（全面的ではなくても）何らかのサポートを必要とする生徒もいる。

　図書館員は，問いがつくられた段階でアドバイザーの役割を担えると同時に，使えそうな資料または情報源について助言することができる。学校によっては，EE について図書館員の助言を受けることが，生徒がクリアするべきチェックリストに含まれており，内部プロセスの1つとなっている場合がある。IBDP コーディネーターが図書館員に，生徒の問いのリストを提供する学校も複数ある。実際には，関与する人の個性，学校の規模，学校図書館の規模（人員配置の程度を含む），その地域で利用できるインフラによって然るべき手順は異なる。生徒へのガイダンスにおいて，図書館員は，調査可能なしっかりとした具体的な問いをつくるためのスキルを教えたり，相談に乗ったりできる。

📖 図書館の役割についてのプレゼンテーション

　経験豊かなコメンテーターであるジョーンズ（Jones, 2004b）は，EE 制作過程において図書館の役割について生徒にプレゼンテーションをすることはよい実践だと述べている。実際，多くの図書館員は，IBDP コーディネーターと協働しながらこれを行っている。なぜなら，IBDP コーディネーターが「承認の印」を与え，プレゼンテーションに関与することが生徒にとって重要だからである。コーディネーターは EE に関わるさまざまな締め切りを認識しているという，実際的な観点も見逃せない。最も効果的で役に立つ支援は，生徒が知る必要があることを「まさにその瞬間に」伝えることである。

　以下では，論文のプレゼンテーション，授業，セミナーでは何を行うべきか，また EE

に何が求められるのかを具体的に示す。プレゼンテーションは，学期ごとに行われる場合もあれば，一定期間にわたって短いプレゼンテーションを何度も行う場合もある。例えばある学校では，G11 の生徒（自発的に出席し，出席率が高い）には，昼休みに短いプレゼンテーションを 3 回行うことが求められる（以下に示す情報と論点の一部が一般的なものであると思われる場合は，あらゆる不測の事態に備えて柔軟に対応することをお勧めする。留学生や聴講生がいる場合は特にそうすべきである。以下に示す論点には，ここ数年 TOK エッセイの試験官であった筆者の経験が反映されている）。

　生徒は EE の必要条件を折りに触れて教えられるので，常にその必要条件に取り組まなくてはと考えるだろう。しかし，図書館員は，生徒に新しい切り口を見つけるように注意を促す必要がある。生徒はおそらく，プロセスの重要性と自分にとっての経験の価値にまで考えが及ばないはずである。例えば大学での学びなど，将来にその経験が役立つという考え方にはなじみがないからである。だからこそ，いつも聞かされている要件や締め切りではなく，これをすればどんなメリットがあるかを伝えることから始めるほうが効果的な場合がある。というわけで，生徒に，EE のプロセスと経験が，大学の出願に必要なエッセイを書くのに役立つことを伝えよう。また，EE 完成後の指導教員とのミーティングの際に，EE に取り組むことで学んだ研究のプロセスとスキルについて話すこと（EE の比較的新しい要件）にも役立つことを，生徒に話そう。まとめると，EE に取り組む経験の重要な側面は以下のとおりである。

● 批判的思考能力
● タイムマネジメント
● 個々の生徒の EE における経験の価値
● 生徒の思考力を育み，ものの見方を広げる手段としてのリサーチの価値

　プレゼンテーションでは，図書館員は文献の引用方法と参考文献リストのつくり方も教える必要がある。正確で規則に則った引用は学問的誠実性を示し，優れた引用が IB 哲学における主要な要素として評価されると生徒に説明することは有効である。それを怠れば，剽窃となるからである。引用で参照するのは図書だけだという生徒の思い込みを覆すために，研究資料には，図書，雑誌記事，新聞記事，インターネット資料，地図，フィルム，イラスト，グラフィック画像などが含まれることを説明しよう。また，知的財産権とクリエイティブ・コモンズという用語を教える（そして両者を区別する）ことも有用である。つまり，インターネット上で目にするすべてのものが，作り手の許可なく自由に利用できるわけではないことを生徒に知らせる必要がある。

　図書館員は，生徒にデータベースの利用を促すことができる。これは多くの生徒にとって，初めて知る情報アクセス方法のはずである。データベースの使い方については，生徒

は支援が必要で（支援の必要性を認識していない生徒もいると思うが）教える必要があるので，そのデモンストレーションをプレゼンテーションに含めるのもよいだろう。生徒は，データベースがウェブサイト上でアクセスできる無料の情報とは違い，全文記事やその他の情報源が含まれていることを理解するはずである。データベースには，インターネット上では利用できない機能（例えば，参照を正確に引用するのに役立つ機能など）もある。

　また，教員が情報源をどう見ているかを生徒に説明する必要がある。これは，生徒の通常の情報の見方とは異なるため，この区別が重要である。生徒にとって重要なのは，信頼できる情報源を見極めるための形式的な方法を知ることである。なぜなら，教員がそれを評価するからである。例えば，ある図書館情報学の研究（Merchant & Hep-worth, 2002）では，次のことが明らかになっている。

● 「新聞や雑誌を除いた活字の情報源は，（教員からは）そのテーマ，教えられるべきことの背後にある理論あるいは事実に基づく，情報の枠組みを構築するための情報源とみなされた」(p.83)
● 「特にインターネット，そしてテレビ，学術雑誌，新聞，一般雑誌は，最新の補足情報を提供すると考えられていた」(p.83)

　生徒が図書館を利用していない場合は，「図書館で調べてみたか」「目録や棚を見ないで，諦めたのか」などの，レトリカル・クエスチョンをしてみよう。図書館と図書館員を区別してもらうことで，図書館に何があるかにかかわらず，図書館員の役割とはリサーチスキルのチューターであり，個別アドバイザーであり，専門的な支援を行う人であると認識されるようになる。前に述べた EE の非常に特殊な性質を考えると，これが現実的な対応である。

　上で述べたように，文中引用と文献リストの作成に重点を置くが，これもまた，生徒によっては初めての要件や実践になるかもしれない。加えて，引用は図書館員の重要な専門分野でもある。引用の方法の選択肢について正確に説明する。

● 引用部分が登場した順番に文献番号を振り，番号順リストにする。または，著者，出版年（引用の場合は，さらにページ番号）を引用部分の最後に付し，著者順のリストにする。
● 巻末文献リストにするのか（個別のページごとリストは不要なのか）。

　さらに，生徒に次の説明をするとよいだろう。

● 印刷ページや，コンピューターの画面上のページで，引用文がどのように表示されるのか。
● 引用文の扱い方―著者，出版年，ページ番号を書くこと（例：Taylor, 2005, p.10）。

● 本文要約―著者，出版年を要約部分の最後に書くこと（例：Taylor, 2005）。
● 要約，直接引用，謝辞の違いを，わかりやすい例で示す。

　また，参考文献に関する基本的な考え方や注意事項についても説明する。

● 文献リストでは，本文中で引用された著者名をアルファベット順に並べること。例えば "Wallace & Gromit, 2003" を引用する場合，G でなく W でとるのであって，タイトルの最初の文字をとるのでもない。また，情報源の形式にかかわらず，項目は著者のアルファベット順でまとめるべきで，形式ごとにまとめないこと（この方法により論文の読者が資料を見つけやすくなることを示す。文献リストが実用的で役に立つ資料であり，一般的な個人が利用しない学術的な目的のためだけにあるのではないことを，生徒に示すことにもなる。生徒は意味を理解すれば，それに従ったり，実行したりする可能性が高くなる）。
● 使用するすべての情報源について，引用方法を統一すること。つまり，生徒は適用する参照方法に一貫性をもたせなければならない。
● 書誌情報を見つけられないときにどうすべきかの戦略を生徒に教える。例えば，著者情報を含む可能性のあるホームページを見つけるためのルート URL を試すなど。
● 「著者」に関する生徒の思い込みを覆す（つまり，学校，非政府組織（NGO），政府機関，営利組織などの組織もすべて「著者」に含まれる）。
● ウェブサイトを引用するときに起こりがちな基本的な誤りを示す（例：URL のみが引用または参照ではないということなど）。
● 生徒はインターネット上でさまざまな（しばしば無料の）文献リスト作成サービスを利用できるが，システムの基本原理を簡単に説明する価値はある。

　図書館員は，例えば，パワーポイントやレジュメを使う際は，文章に引用文献を含め，最後に参考文献リストをつけるなど，優れた実践をモデルとして示すべきである。生徒にとって参考にできる具体的な例になる。教員にも同様のことをするよう勧める。
　EE を完成させたプロセスを，前年度の受講者に話してもらう。実際に授業に参加してもらっても，ビデオを流しても，または以下のようなコメントをもらうだけでもよい。

　　試験官は多様な国や文化の経験を聞くのが好きです。ですから，ある国とテーマを関連づけることは，よい方法だと思います。また，退役軍人へのインタビューなど，テーマの中心となる情報をもつ人へのアプローチにはより高い評価が与えられます。最近の一般的な話題にテーマを関連づけるようにするとよいです。例えば，数学領域で SARS を取り上げた EE は A 評価をもらいました。
　　テーマの選択は慎重にしてください。最後の最後まで決定を粘ってください。役に立つと思われるすべての情報源を記録してください。ガイドラインを何度も読んでください。

学校が IBDP 初年度である場合など，先輩の経験を利用することができない場合は，生徒によって書かれ出版された図書『3 つのポイント：課題論文と知の理論を究めるための究極の生徒用ガイド（*Three: The Ultimate Student's Guide to Acing Your Extended Debate and Theory of Knowledge*）』（Zouev, 2008）を使う。あるいは，IB の機関誌である *IB World* に時々掲載される生徒の体験談を活用する。

　図書館員がプレゼンテーションをする場合は，問いをつくる方法，論文のタイトルを考える方法のヒントを入れてもよい。図書館員は，過去の事例を活用し（その論文を点数付けることで），生徒の思考を刺激できる。事例に挙げる生徒の名前は伏せて，テーマにした地域の例を挙げることをお勧めする。そのほうが，これから取り組む生徒にとってよりリアルに感じられるからである。タイトルは，つくり方をこれまでにも簡単に説明してきたが，ヒントには次のようなものもある。

● 論文のタイトルは曖昧でない具体的なものにすべきである。
● タイトルは，内容を説明するものよりは調査方法がわかるように書くべきである。
● 論文のタイトルは何度も推敲を重ねる必要がある。タイトルを練る過程が重要である。生徒が最初に思いついたタイトルで進めると手痛い失敗に終わる可能性が高い。
● 選んだタイトルを暗記できるか。この戦略は，生徒が自分の問いを明確にするのに役立つ。かなりの時間を費やした論文だけに，タイトルに確信をもちたいと考える生徒にはよい方法だ。タイトルを忘れたり趣旨からはずれたりしないように，さまざまな場所（寝室のコルクボードなど）にメモしておくのが良いという生徒もいる。
● 図書館員は，個別に論文のタイトルについて相談に乗れることを，折りに触れて生徒に伝えるべきである（ただし，図書館員の支援を受けていることについて生徒は指導教員に知らせておくべきである）。

　EE のリサーチに関するガイダンスは，生徒が EE の活動を開始する直前に行うことが望ましい。実施する時間を見つけることが難しい場合があり，余裕をもって事前に IBDP コーディネーターとスケジュールを検討する必要がある。図書館の支援は価値があり，役に立つと思ってもらえたら，図書館の論文ガイダンスが年間予定に組み込まれるのは難しいことではないだろう（推奨はされていないものの，TOK のタイムテーブル・セッションの時間を，図書館員の EE 向けのプレゼンテーションに使うことが可能であり，実際そうするように言われる図書館員も複数いるようである）。

抄録（アブストラクト，要旨）

　学校図書館員は，生徒が初めて取り組む抄録という課題の支援を求められるかもしれない。抄録は，個々の生徒に義務づけられている。抄録を書くことは，EE のプロセスの最

後に行われるため，指導されないままにされたり，個々の指導教員に委ねられたりすることがある。生徒がこのスキルをもっているという前提で考えられているのかもしれないが，実際は，生徒は必ずしも簡潔で明確で曖昧でない抄録を書いた経験があるわけではなく，求められた文字数に引き延ばして書いたことがあるくらいで，やはり抄録の書き方についても練習と助言が必要である。2013年開始の試験対応のEEガイドにはEEを提出する際に正式な抄録が必須であると示されている。生徒は次の点に注意する必要がある。

● 各抄録は300語を超えてはならない。
● 抄録は論文の単なる序文であってはならない。
● 抄録は論文全体の要約となるべきであり，よりよい要約を書くためには，EEのプロセスで生徒が最後に取り組むべきことの1つとすべきである。
● 抄録には，最低限，研究対象になった問い，実施した研究課題の範囲，結論を明確に示すべきである。
● 抄録をどのように提示すべきか，また，それをEEのどこに記載すべきかについて明確な指示がなされなければならない。

　EEに関する公式文書が示すように，抄録を書くことが論文作成の過程に含まれるのは，これによって生徒が論文中で自分の議論の展開を分析して明確に述べることができるようになるからである。生徒，指導教員，図書館員は，他のすべての要件と同様に，この要件についてもこの文書を参照すべきである。この文書は，OCCのサイトからオンラインで利用できる。
　また，このサイトを通して，生徒は，図書館員からの個別支援を受けたり，ヘルプシートをダウンロードして使ったりすることができる。化学分野におけるEEの抄録の優れた事例として，数学と科学に関するダンクリーらの論文（Dunkley, Banham, Macfarlane, 2006）が，『国際バカロレア資格認定プログラム：教員と管理職のための入門書（*The International Baccalaureate Diploma Programme: An Introduction for Teachers and Managers*）』（Pound, 2006）に再録されている。「化学反応による発光を調べる（*Investigating chemiluminescence*）」と題された抄録が閲覧可能だ。

📖🔍 EEに関わる生徒のニーズを支援する

● 生徒が自分たちのテーマと問いの両方を決定する直前，あるいは決定した段階になったら，個別に資料を提供する支援を始めよう。学校図書館で生徒のために必要な資料を揃えるほかに，必要に応じて，地域の図書館間相互貸借サービスやその他の手段を通じて必要な資料を借りるための手配を行う。例えばある学校では，数学の論文を書く生徒は年に1人か2人だが，学校図書館の購読データベースにない数学の学術論文が必要であ

る。その学校の図書館員は，商業データベースだけでなく，英国図書館やオーストラリア国立図書館のような国立図書館のサービスを利用して，生徒に資料を提供する。

● 文学や社会科学の分野で EE を書く生徒が圧倒的に多い学校では，このニーズが学校図書館コレクションの発展に影響を与える可能性があることに留意する。

● 自分の学校の過去の EE の例を提供しよう。完成原稿のコレクションは推奨論文事例バンクとして役立つ。これを参照することで生徒は成功する可能性の高い論文がどういう形式とテーマなのかを知ることができる。過去の論文に評価もつけておくとさらによい。図書館が EE コレクションを保管し管理できるようにするためには，特定の方針が必要な場合がある。方針の例は，付録 6 を参照（一部の学校では，図書館コレクションのために生徒に論文のコピーを提出させるという方針をとる）。コレクションが大きくなれば，論文の目録をつくり，分類するほうが使いやすい。論文は閲覧だけでなく，貸し出すこともできる。また，別の選択肢として，デジタル化も考えられる。ただし，学校の状況からしてデジタル化がいいのかどうかを判断するにあたっては，各論文の法的所有権を特定し，IBDP コーディネーターと十分相談する必要がある。

● EE コーナーには，論文を書く際の参考になるさまざまなガイドブックを置く。付録 5 のリストを参照。このリストには，国際的な学校図書館メーリングリスト上で論文執筆に役立つ資料に関する質問に対して推薦があったものが含まれている。これは，IB 学校図書館の図書館員間の協力がいかに有益であるかの実践的な例である。また，過去の論文のよい例を共有することもよい実践例である。

● また，（IB 出版センター，IB ウェブサイト，または学校の IBDP コーディネーターを通じて）推薦された EE の 50 例を収録したディスクと，試験官の助言を収録した冊子『IB を準備する：IB 流評価への対処法―課題論文編』(*IB Prepared: Approach Your Assessment the IB Way―Extended Essay.*) を入手しよう。

● 引用文献や文献リストのつくり方についての具体的なアドバイスやガイダンスを行うとともに，研究プロセス全体についても支援を行う。そのようなアドバイスは，教材の形で，例えば，図書館のウェブページ，あるいは（学校の ICT 利用ポリシーに基づいて）フェイスブックなどの SNS などで提供可能である（図書館が作成した教材は，一般教科の授業にも役立つ）。研究全体にわたって使えるような包括的な内容の教材も，ポイントを絞ったコンパクトな教材もつくれる。コンパクトな教材は，図書館周辺に展示したり，生徒が自由に持ち帰れるチラシとして置いたりできる。配布教材の例は付録 2 を参照。

● 生徒が剽窃の危険性を認識し，学問的誠実性の概念（学問的誠実性の概念については第 5 章で詳しく述べる）を重視するように支援する。この点は，タイムリーに教える必要がある。ある学校では，学問的誠実性を「オーナーコード（Honor Code）」と呼び，生徒は「Turnitin.com のディスクや領収書を紙のハードコピーと一緒に提出しなければならない」(*International Baccalaureate Mid-Atlantic Sub-Regional Coalition, 2006, MARC Best Practices section*)。IB ポリシーにも謳われているように，剽窃についてのアドバイスは，EE や TOK エッセイが提出されるまで必要であって，一貫して強調されるべきものである（IBO, 2009）。

● 地域の大学図書館との継続的な連携を図り，生徒がこれらの施設の資源にアクセスできるようにする（そのような図書館を実際に利用して体験できるようにする）。個人指導に含めて，図書館員や教員と一緒に生徒がそうした施設を訪問することを検討する。また，利用者登録をして図書館を使うことを促す。こうした経験は，生徒にとってプラスとなるはずである。生徒は大規模で複雑な図書館を経験することで，大学に入学してから起こりうる「図書館不安（library anxiety）」（訳注：図書館の資源やサービスを利用したり，利用を考えたりする際に，多くの成人学習者が経験する否定的で不快な考えや感情）を回避できる。

● 特定の生徒の指導教員になる（例えば筆者は，ITGS で論文を書き，学校図書館の新しい管理コンピュータシステムの評価をテーマに選んだ生徒の指導教員だった）。IBDP コーディネーターに確認するのが一番よいが，教科担当教諭が指導教員と決まっている学校もあれば，もっと自由に選べる学校もある。本来，指導教員は，教科担当教諭でなくとも，学校の職員であれば誰でも構わないはずである。

● ホームルームや個別指導の時間に，個々の生徒に対して簡単な個別指導支援（データベースの使用方法など）を行う。アメリカでは，IBDP の 1～2 年目にかけての夏休み期間中に，授業や支援を行う図書館員もいる。

● アメリカの一部の高校がやっている，図書館の開館時間延長や夜間開館をテーマにした論文を書く。

● IT に詳しい生徒に頼んで，データベースの使用方法や，EE のプロセスで図書館が関係しそうなさまざまな場面について解説する動画をつくってもらう。よく知られているように，生徒は他の生徒の意見に耳を傾け尊重する傾向があるからである。このようなプロジェクトも CAS 活動とみなすことはできるのか。その可能性について CAS コーディネーターに相談してみる価値がある。

IBDP コーディネーターおよび EE 指導教員との協力

　ここまで述べてきた活動は，グループまたは個別の生徒との交流に重点を置いたものだった。一方で，図書館員が IBDP コーティネーターと情報共有することはきわめて重要であり，同様に，EE の各指導教員との情報共有も有益である。IBDP コーディネーターが指導教員のための会議や研修を行い，そこで図書館員が意見を述べる（あるいは単に出席する）場合もある。助言は通常，指導教員の役割に対して行う。生徒によいリサーチの習慣を身につけさせ，その能力を最大限に発揮できるようにさまざまなリソースを使うよう奨励するためである。生徒はよく使うものについては忘れないものであり，これまで述べてきた

ように，EE のプロセスで取り組む必要があるもののいくつかは，生徒にとっては初めて経験するものである可能性が高いので，指導教員が図書館の利用を奨励することは，生徒のためになる。定期面談の際に，指導教員から生徒に以下の点について確認してもらうとよいだろう。

● テーマと問いの絞り込みに役立つ関連情報や資料が図書館にあるかどうかを確認したか。
● OPAC は使ってみたか。結果はどうだったか。資料は探せたか。図書館員に必要な資料を入手する相談をしたか。
● オンラインデータベースを使ったか。図書館で先輩による EE の例を見たか。よい論文を書くための本を見たか。最新の雑誌，新聞，DVD（書籍以外の資料）も見ていたか。
● 図書館のウェブページを見て，関連情報を利用したか。また，図書館のヘルプシートから，EE のプロセスで図書館がどう役に立つか確認したか。

このような情報をさらに文書にして提供すれば，生徒との面談時に，指導教員は生徒に何を伝え指導すべきかが明確になり，有用である。つまり，指導教員が生徒と図書館の両方を同時に支援できるのである。

EE プロセスにおける図書館員

あなたが EE プロセスに参加することに興味をもった結果，学校の EE のコーディネーターになるよう求められるかもしれない。引き受けるかどうかについては慎重に考える。図書館にとっても生徒にとってもアドバンテージはあるかもしれない。しかし一方で，そのような役割には多くの管理的側面があり，生徒が遵守すべき明確な期限があり，こうしたことに力を注ぐことは，図書館が生徒への支援を拡充するためのエネルギーを奪うことになるかもしれない。また，そのような役割を引き受けることが昇級に結びつく場合，「ポスト」は組織内に政治的な側面をもつので，図書館と図書館員がそのつもりがなくても学内政治に関与してしまうことも起こる。というのも，一般の教職員からそのようなポストを奪うものとみなされるかもしれないからである。ときには，こうした余分な責任のあるポストは，新しい専門職のメンバーが管理経験を積むことに役立つと考えられている。IBDP には，（少なくとも生徒は当然として）学校コミュニティーのメンバーから図書館員がさまざまな形で注目される機会があるが，それでも図書館員として明確で中核的なイメージをもつことが重要だ。

図書館員のための実践的戦略

● 図書館員として EE を支援することについて，IBDP コーディネーターと明確に情報共有し，何を提供できるかについては明確な考えをもつ。

● 生徒がすべきことや典型的な論文フォーマットなどを理解できるように，過去数年分の EE の例を集めた図書館コレクションをつくる。
● EE の最新の IB ガイドが所蔵されていることを確認し，論文の執筆に関するさまざまな出版物をコレクションに追加する。
● 紙のフォーマットおよび／またはウェブサイトのフォーマットで，論文作成／文献リスト作成に関する教材を作成する。
● リサーチ，引用，参照について，何らかの形で生徒を指導する。理想的には，生徒が IBDP 生になる何年も前に始めるべきである。
● 適切な時期に，論文作成プロセスのための図書館支援に関する生徒対象セミナー開催の可能性について，IBDP コーディネーターと相談する。
● 地域の大学図書館への生徒のアクセスを促す。
● EE プロセスに関与する。個々の生徒のチューターになったり（例えば，良い問いのつくり方を教える），生徒が学校内外の役に立つリソースに出会えるようにアドバイスをしたりする。
● オンラインデータベース，特にフルテキストデータベースの利用規定が利用にどう影響しているかを調査する。
● 図書館がいかに生徒のニーズをサポートできるかを考える前に，生徒の考えや困っていることを知るために，EE に関する生徒のウェブサイトコミュニティー（および YouTube の「The IB-Extended Essay Procrastination（IB 課題論文の先延ばし）」ビデオ）をチェックする。
● プレ IB の授業，プログラムやコースを提供する学校では，そのコースで扱う範囲に，引用や文献リスト作成を含む探究と研究スキルを含めることを推奨する。IBDP が始まったあとでは，これらについて時間を割くのが難しくなるかもしれないからである。このスキルは生徒にとって有益であり，EE だけでなく，卒業認定に関わる他の側面においても価値がある。
● EE 指導教員のための支援と情報を提供し，橋渡しをする。
● 生徒にオンラインでヘルプ／サポートサービスを提供することを検討する。特に，学校の長期休暇（通常は夏休み）中に EE に取り組む生徒がいる場合に検討する。

第5章

IB の学習者像と学問的誠実性

　本章では，IBDP はもとより，すべての IB プログラムに関わる重要な 2 つの IB 文書に焦点を当てる。学習者像と学問的誠実性の 2 つは，両方ともに図書館員にとって重要な情報リテラシーに関わるものである。

 学習者像（ラーナープロファイル）

　IB 流の考え方において，学習者像の重要性を過小評価することはできない。IB の学習者像の文書では，学びの特質と属性について総合的に解説されている。像（プロファイル）とは，学習者の学習状況を示す基本的な枠組みのことであり，3 つの IB プログラムを通して継続し，またそれ以降も続くとされる。IBDP に関していえば，教育や学習のスタイルだけでなく，特に批判的リテラシー，デジタルリテラシー，情報リテラシーとの関連で考えることは，図書館員にとって有益だと思われる。

　IB の学習者像の文書は 2006 年に作成された。その重要性は，IB 教育課程の各公式文書の冒頭に再録されていることからもうかがえる。IB の生徒は，次の 10 の要素を合わせもつようになる必要がある。

● 探究する人（Inquirers）
● 知識のある人（Knowledgeable）
● 考える人（Thinkers）
● コミュニケーションができる人（Communicators）
● 信念をもつ人（Principled）
● 心を開く人（Open-minded）
● 思いやりのある人（Caring）
● 挑戦する人（Risk-takers）
● バランスのとれた人（Balanced）
● 振り返りができる人（Reflective）

　この 10 要素についての解説は，文書の中で，各学校で学習者像を活用および指導するに当たっての提案とともに記載されている。図書館員は，OCC で入手できるこの文書をよく理解しておく必要がある。

　図書館員にとって，図書館における学習者像の使用方法を熟考することは有益である。

手始めとして，以下のように，各要素について図書館としての指導項目案を書き出す。

考える人：オンラインでも紙でも，今読んだ情報についてどう考えるか。妥当性はどうか。信用できるか。

挑戦する人：なぜいま目についた本を読もうとしないのか。

振り返りができる人：図書館の情報とリソースの利用について，これまでにどんなスキルを学んだか。振り返りによって，情報の発見について考える以上に多くを知っていることがわかるかもしれない。

探究する人：報道されたニュースの中でもっと知りたくなったものはあるか。探究を始めるタイミングは今だ。

思いやりのある人：いま図書館に他の利用者が近くにいるか。他の利用者の環境を守りかつ自分のスペースを快適に確保するにはどうしたらいいか。

信念をもつ人：自分が書いた論文で使った情報源をすべて把握しているか。

心を開く人：学習の新しいアイディア，方法，習慣を受け入れられるか。

バランスのとれた人：自分が論文で扱う問題に対して，どちらかに偏らずに物事の両面をみているか。

コミュニケーションができる人：肩をすくめることは，コミュニケーションに影響するだろうか。

知識のある人：探究プロセスモデルを使用すると，知識を得るのに役立つことを知っているか。

　図書館員の中には，独自の学習者像に関する指導案を作成する者もいる。Glogster（訳注：マルチメディア学習教材をインタラクティブに作成するための民間のプラットフォーム。http://edu.glogster.com）のインターネットまたは学校のウェブサイトをチェックすればその例をみつけられる。上記のような質問による方法をとる場合もあれば，学習者像の要素が学校図書館の中で何を意味しているかについて，より詳細なコメントや意見が述べられている場合もある。いずれにしても，学習者像の文書を取り入れ，学校に合わせて活用方法を考えることは，学習者像が単に文書に書かれている主張ではなく，よりリアルなものになることを意味する。学習者像の要素についての図書館の考え方や活用法が館内に目に見える形で示されている場合は，要素ごとに分けてコメントを付けるようにすると，定期的に更新しやすい。さらに考えられる方法は，学習者像の解説を壁に取り付けたモニター上に，スライドで流すことである。

　IBDPをうまく実践するために，生徒が必要とするスキルを検討することは有効である。一般に，IBDPでは生徒が必要とするスキルについての研究に焦点が当てられており，IBに関する二次資料は生徒が行う探究とリサーチの方法が取り上げられる。しかし，これらの研究や論評には図書館と図書館員への言及が欠けており，このカリキュラムにおける図書館モデルが，図書館情報学の**専門家**の文献で推奨されているものとは違うことがわかる。

　IBDPを探究プロセスを学ばせる手段として考えた場合，従来のコンテンツ中心のカリキュラムと相容れない可能性がある。従来のカリキュラムは，構成主義の受容に基づく学校図書館モデルの推進とは矛盾する点が多いが，そのことは過去にはあまり示されてこなかった。情報リテラシーを育むには，図書館員が教育学を理解することが重要である（Hepworth

& Walton, 2009)。IBDP のように要求水準の高いカリキュラム（Vander-brook, 2006；Yip, 2000）では，時間と作業負荷のプレッシャー（Taylor, Pogrebin, & Dodge, 2002）によって，生徒は図書館を利用する時間がない可能性がある。研究者の中には，図書館を使わなくともよいと述べる者もいるほどである。内容が充実した講義形式の授業を通じてよい成績を獲得し（Kyburg, Hertberg-Davis, & Callahan, 2007）たり，教員が重要な足場かけを行うことで IBDP をよりよい大学に入学するために利用し（Burris, Welner, Wiley, & Murphy, 2007）たりすることは，考えうる学校図書館の活用をすべて否定するものかもしれない（つまり，そのような構造化された学習支援には，図書館を活用した個別的な学習方法を許容したり必要としたりする余地はないかもしれない）。その理由は，次の要因によって説明可能である。

● 図書館と図書館員は，IBO 文書で重視されておらず，特に，IBDP の科目文書で重視されていない。
● IB コメンテーターや IB 実践者の著作で図書館が言及されていない。
● 一般の教員は，教員養成課程において学習支援としての図書館利用について教えられていない，または，図書館を利用した学習活動のよい実践経験がない。
● IBDP 科目の教科書（増加傾向にある）やインターネットへの依存。

　上記の要因は，IBDP 校の図書館員が克服すべき課題である。しかし，扱うべきスキルは IBDP 科目とコア文書で確認されており，（ときには一般的な用語だけであっても）さまざまなコメンテーターの著作で言及されている（Andain, Rutherford, & Allen, 2006；Anderson, 1994；Coffey, 2006；Croft & Cross, 2003；Drake, 2004；Fox, 1998；Hill, 2003；Mathews & Hill, 2005；Spahn, 2001）。実際，2005 年時点における全 IBDP 文書を対象として筆者が行った研究によれば，次に挙げるスキルと特徴が確認されている。

● 批判的思考／読書／分析力（Critical thinking/reading/analysis）
● 個人的コミュニケーション能力（Personal communication skills）
● 学習スキル／探究力（Learning skills/inquiry skills）
● 高次の思考（Higher-order thinking）
● 推理力（Reasoning skills）
● 個人の振り返り（Personal reflection）
● 自立して作業ができること（Independent working）
● 共同作業／チームワーク（Working cooperatively/team work）
● 意思決定（Decision-making）
● 自信，独立性，寛容さ，柔軟性（Confidence, independence, maturity, tolerance, open-

mindedness）

● 個人的知識（Personal knowledge）

● 自問自答（Asking and answering own questions）

● 責任（Responsibility）

● 創造的思考（Creative thinking）

● 学習スキル／情報リテラシー／学習習慣／学問的厳密性（Study skills/information litera-
  cy/study habits/academic rigor）

● 情報をまとめる力／ノートテイク（Synthesize information/note-taking）

● 自主自律（Self-discipline）

● 計画スキル（Planning skills）

● タイムマネジメント（Time management）

● ライティングスキル（Writing skills）

● リサーチスキル（Research skills）

● 論理の理解と適用（Understanding and applying logic）

● ［真実と意見を区別する］認識力（Discrimination [between truth and option]）

● EQ（Emotional intelligence）

　学校図書館員は図書館と図書館員の両方を，これらのスキルと生徒の認識に結びつける
ため熱心に取り組む必要がある。教えることが多く時間が足りないからといって，生徒が
大学に入ってからも必要なこれらのスキルを蔑ろにするべきではない。情報リテラシース
キルは学習の内容伝達モデルに関連するものだと指摘する必要がある。IBDP のいくつか
の分野がより探究を基盤としているのに，スキルが目に見えにくいものであるために，
TOK と EE に限られて捉えられている懸念がある（Stobie, 2005, 2007）。生徒の多くが大
学入学準備コースのみを受講している場合，教員と生徒は情報リテラシースキルの必要性，
要件，経験を認識していない可能性がある。例外的に「タイムマネジメント」と「優先順
位付け」のスキルに関する研究はある。カイバーグらは，生徒が DP を開始する「前」に，
意欲を含む高いレベルの幅広いスキルと適性が必要だと述べている（Kyburg et al., 2007）。
　図書館員はリサーチスキルを向上させてきた（Lear, 2002）が，その観点からみると，
IBDP の報告書には情報リテラシーに関する記述が欠けている（Brown & Laverby, 2001）
ことが明らかになっている。クラーク（Clark, 1995）は，生徒が大学進学時に図書館不安
に遭遇する可能性について述べている。IBDP は生徒にとってストレスがかかるとし（Burke,
2005；Paris, 2003；Yip, 2000），その過程でサポートが必要な問題に直面した（Burris et al.,
2007）ことがわかった。このようなストレスなどの問題が，剽窃を引き起こす可能性
（Taylor et al., 2002）も指摘されている。IBDP で成功するためには，さまざまな課題に対
処し管理するための多様なスキル（Kyburg et al., 2007；Snapper, 2006）や，特にタイムマ

ネジメントスキル（Taylor & Porath, 2006；Tekle, 2005；Vanderbrook, 2006）が生徒に必要なことがわかった。マグネットスクールのIBDPの少人数グループを対象とした最近の研究では，MYPまたはIB以前のコースのいずれかにおいて適切な内容とスキルを教えておくことが，生徒がIBDPに取り組むための準備に有効だと明らかになった（Bland & Woodworth, 2009）。

IB Global Policyの研究グループがインディアナ大学の評価教育政策センター（Evaluation and Education Policy Center）と共同で，スキルまたは学習スタイルや学習の質に焦点を当てた研究を行った。8つの高校のIB生とIB以外の生徒を対象に，広い領域のさまざまな分野について調査をした。その結果，IBの生徒はIB以外の生徒に比べ，認知的，知的分野および，社会的，行動的，参加，感情的などの学術的分野の諸領域において，達成レベルがより高いと評価された。関連して，認知的分野と学術的分野における考察では，週に何時間を授業のための読書と学習に費やしたか，授業中の議論にどれくらい参加したか，指定されたり割り当てられたりした文献を読む以上の調査をどれくらい行ったか，どれくらい授業や教科とテーマを結びつけていたかといった，具体的な項目について議論がなされた（IBO, 2010b）。

情報リテラシーに関するIBDP図書館研究の結果

情報リテラシーと学校図書館に関する注目すべき文献がある。特にIBDPに焦点を当てた筆者の研究は，これまで発表された研究を踏まえているだろうか。情報リテラシーと学校図書館に関するこれまでの研究から得られた一般的知見全体を，IBDPに適用することは容易にできるはずである。しかし，IBDPに関して，例外や区別するべき点があることがこの研究から明らかになっている。

この研究では，参考文献リストと引用のスキルについて，生徒は必要と考え評価していることが明らかになった。これらのスキルの必要性が特に顕著なのはEEにおいてだが，履修が必要なほぼすべての科目において必要性があると生徒は考えていることがわかった。ただし，必要度は生徒がどの科目を選択しているかによってばらつきがあった。この研究に参加した教員と管理職は，これらのスキルはIBDPの主要な領域すべてに必要なものだと考えていた。

剽窃に関しては，科目の専門性によって教員の見解，意識，関心に温度差があった。例えば，グループ2（言語）とグループ4（科学）は，グループやクラス単位の活動が中心のため剽窃が起こる可能性は低い。仮に起こっても，それを特定するのは容易だと述べられている。一方，他のグループにおいては，重視すべき問題となっている。教員は，文献リストと参照に正確に典拠を示すことを生徒に求めるなどの戦略をとっている。しかし教員は，剽窃に関する図書館員の具体的な役割を認識していない。この点は図書館情報学研究の傾向と矛盾するが，剽窃に関する図書館情報学以外の研究が示すとおりである。ただ，

教員は IBDP 生が，IBDP を始める前の特に中学校のうちに，これらのスキルを身につけるべきだと考えていることがわかった。

　また，教員は生徒がさまざまな情報源から関連情報を振るい分け，評価し，選択できるであろうと想定するのだが，一方でその前提は誤りかもしれないことが明らかになっている。このような教員の誤った前提は，生徒は図書館を宿題のため使えることができて，また，使うだろうと考えているものの，実際はそうではなかった例からもわかる。ここで重要なのは，教員が自分たちの期待を明確に述べることであり，特別に推奨しなくても生徒が図書館を利用するだろうという想定を捨てることである。

　この研究で明らかになった IBDP における最も重要なスキルは何か。教員が考える最重要スキルは，タイムマネジメント，リサーチスキル，批判的思考であった。研究ではまず，ヘイデンら（Hayden, Rancic, & Thompson, 2000）による元 IBDP 生を対象とした研究がスキルに関する幅広い知見を提示していることについて検討を行った。ヘイデンらは，具体的なスキルも抽象的なスキルも含めてさまざまな要素を明らかにしたが，この研究では，生徒が学業プログラムを首尾よく遂行し，管理する能力により焦点を当てている。こうしたより具体的な特徴の検討を行うに当たっては，IBDP に関連した研究（例えば Qualifications & Curriculum Authority, 2003）や，特に北米の研究（Burris et al., 2007；Kyburg et al., 2007；Taylor et al., 2002）の知見も反映されている。

　情報リテラシーに関する研究では，タイムマネジメントよりも知的で高次の思考スキルに重点が置かれる。一方で，剽窃に関する研究では，課題のプレッシャーとともに，タイムマネジメントの不備が影響しているとされる。G12 の生徒と教員はともに，タイムマネジメントが最も重要なスキルであろうことを強調しており，これはラトローブとヘイブナーの研究（Latrobe and Havenar, 1997）やある IBDP 研究（Taylor & Porath, 2006）の結果とも一致する。特に密接に関わるのが「作業の優先順位付け」と「相当量の内容を覚える必要性」で，その結果として生徒はノートテイクのスキルを身につけた。また，EE を作成する過程を経験することで，リサーチスキルが向上した。

　実際のところ，文献リストや参照のスキルは重要だったのだろうか。生徒の文献リストや引用スキルの応用に関する経験はさまざまだった。ほとんどの生徒と教員は，IBDP のコア要素においてだけでなく，すべての教科の授業においても文献リストや参照のスキルが必要だと考えた。EE のみ，さらには TOK エッセイにこのスキルを使ったという生徒は少数であったが，これは，ストビーがスキルは IBDP で暗黙的にのみ使われ（Stobie, 2005），またサーチスキルは EE の目的にのみ必要であると結論づけた研究（Stobie, 2007）に対応するものであった。

　では，生徒にこれらのスキルを教えたのは誰か。研究に参加した生徒，教員，および管理職の全員が，図書館員がこれらのスキルについて教え，モデル化し，助言したことに言及している。この場合，図書館員はリーダーシップを発揮する役割を果たしたとみなすこ

とができる。これは図書館情報学の研究例（Farmer, 2005；McGregor & Streitenburger, 1998）の結果とも呼応する。というのは，IBDP 校のコミュニティーメンバーは，図書館員が参照行為に強い専門知識をもつと考えていたのだ。これはおそらく，文献リストの作成や引用のスキルが他のものと違い具体的で，わかりやすく，図書館員の仕事と結びつけて捉えられ，そのために，成果物，エッセイ，コースワークとの関係が強いと考えられていた可能性がある。

　これらのスキルを生徒にいつ教えるべきか。本研究では，教員と生徒は，プログラムの時間的なプレッシャーから，IBDP を始める前に，生徒がスキルを伸ばし，それらのスキルを使用したり，図書館を利用したりするためのスキルアップと練習をする必要があると考えた。この傾向は特に文献リストや文中引用のスキルに顕著で，一部の教員は，混合能力グループ（mixed-ability group）で使える標準スタイルを教えることを推奨している。同様に参照スキルと特定はされていないものの，カイバーグ（Kyburg et al, 2007）は IBDP の研究において，IBDP の求めるものをこなすためには，DP を始めるまでにしてきた学習と情報を操るリサーチスキルが必要だと述べている。

　IBDP の科目に関する公式文書にはどのように図書館の役割が示されているのか。教員の何人かは，図書館の役割についての明確な記述が IB の科目に関する文書にないことを指摘した。文書に（図書館の役割についての）明示的な指示が含まれていれば，教員は，生徒が図書館を効果的に利用し必要なスキルを育成するために教育的な戦略を立てる可能性がより高まる。ある教員は，担当科目について文書を折に触れて参照していたので，どこに何が書かれているか非常に具体的に述べた。これは，図書情報学で強調されている学校図書館の役割への期待と，カリキュラム文書に学校図書館について十分な言及がないというズレを示しているし（Pratt, 1994），教育と学校図書館員の役割の間に相乗効果が認められないという研究結果（Montiel-Overall, 2005）を裏付けている。

　図書館はどのようにして生徒のモチベーションとつながることができるのか。管理職は，生徒のモチベーションの観点を特に強調しようとする。ある教員は，自発的に学習しているか，課題として与えられなくても主体的にテーマに関する文献を読んでいるかについて生徒に評価をする際に，特に学習者像の文書に言及した。生徒の中には自主的に図書館を利用していると述べる者もおり，これはモチベーションの高さを示す一例であった。カイバーグら（Kyburg et al, 2007）は，IBDP の生徒は準備周到で，（IBDP を始める前に伸ばしておくべき）高度なスキルをもち，モチベーションが高いことを発見した。図書館情報学の研究（Latrobe & Havenar, 1997；Scott & Owings, 2005）では，モチベーションの高い生徒は豊富な情報がある環境に首尾よくアクセスできることが示されたが，教員は，やる気のない（モチベーションが低い）生徒はそのような豊富な情報資源を利用していないと指摘する。したがって，以上のような研究からは，独立した学習環境としての図書館は，より効果的に利用可能で，より有能でモチベーションの高い生徒を惹きつけ，関係性をもち

支援するといえるかもしれない。こうしたより有能で意欲的な生徒は，図書館を自主的に利用することができ，IBDP が従来想定してきた像により適合していた。問題は，従来の像に適合しない IBDP に取り組む生徒である。このような生徒が支援を必要とすることは，バリスら（Burris et al, 2007）によって実証されており，トッドら（Todd, 2003）は，一部の生徒に足場と支援を提供する図書館員の役割に言及している。この研究は，能力が高くないグループの生徒に関しては，図書館員の役割が異なってくることを示している。

　生徒が図書館を利用するには，どのようなスキルが必要か。生徒が図書館を利用するためのスキルをより快適かつ安全に使えるならば，図書館をもっと気軽に利用するようになるはずである。生徒は，そのようにできると回答した（Streatfield & Markless, 1994）。インターナショナルスクールの IBDP 生を対象にした研究（Latuputty, 2005）でも同様の結果がみられた。ただ，大人の視点からの研究では，生徒は図書館とデータベースがどのように機能するのかわからず，使用するためのスキルが足りていないことがわかった（Limberg & Alexandersson, 2003）。しかし筆者の研究では，図書館利用スキルについては全体として現実的な評価を示しており，生徒によって評価が異なるという結果が出た。この質問をしたのが図書館員だったことが結果に影響しているかもしれない。

　一般的に，生徒は大学レベルの基礎研究ができない（Daniel, 1997；Ellis & Salisbury, 2004）ものの，一旦大学に入学すると，そのギャップを埋めるための戦略を自分たちで何とかみつけられる（Fitzgerald & Galloway, 2003）ことが示される。学校で，困難な研究課題に取り組むように指示されたり，それが奨励されたりする場合にのみ，生徒はスキルを身につけることになる（Langford, 1998）。理論的には，EE はそのスキルを身につける経験をさせる機会であるはずである。分析，正式な論文発表，評価，批判的思考はすべて，最終学年までに生徒が身につけるべきだとされている（Goodin, 1991；Riedling, 2004）が，これらのスキルは，EE および TOK エッセイの経験によって身につく可能性が示唆されている。IBDP においては，スキルを容易に応用できるよう個々の生徒に自信をもたせることも重要な要素であった（Hayden & Wong, 1997；Munro, 2003；Stobie, 2005, 2007）。

　特にリサーチスキルは EE に最も関連するという根拠が複数示されている（Qualifications & Curriculum Authority, 2003；Stobie, 2007）。しかし，図書館の関与と貢献をリサーチスキルのプロセスに結びつける研究は，図書館員による実践研究にしか見受けられない（Latuputty, 2005；Tilke, 2009）。そのため，生徒が必要とする主なスキルは，タイムマネジメント，優先順位づけ，大量のコンテンツに対処するための戦略の開発，リサーチスキル，引用・参考文献リストのスキルとなっている。

　インターネット検索のスキルについてはどうだろうか。生徒は毎日インターネットを利用しているのだから，電子情報の高度な利用者であると考えられている。しかし，筆者の研究では，当初は検索語が限られている（これは批判的思考を使うに至っていないことを示す）などの状態で，試行錯誤をし，スキルが向上した生徒の事例が示されている。教員もまた，

生徒がインターネットを利用する際のスキルと戦略が限られていることに注目している。このことは他の同様の研究（Combes & Sekulla, 2002；Scott & Owings, 2005；Rowlands & Nicholas, 2008）でも示されている。

　結論として，筆者の研究において（また，実はむしろ図書館情報学以外の IBDP 分野の研究においては），生徒が学習者像の目標を十分に達成できていないことが示唆された。ただしこれは，少なくとも学習者像のすべての側面について IBDP の生徒がどのような成果を出したかについての調査が行われないかぎり明言はできない，いささか乱暴な主張である。これらの研究が示しているのは，学習者像の側面について，成果を示している部分があることと，取り組むべき部分があることである。学習者像は，生徒が生涯にわたってもつべき学習プロセスと成果，資質を示す文書で，IB が重視し強調しているものであり，それが一過性のものではないことが重要である。学習者像のすべての側面において，生徒が 18 歳までに満足すべきレベルのスキルと達成度を身につけると考えたり，それを期待したりするのは非現実的である。実際，IB は，これが今後の人生の原理，スキル，態度の集合を示すものと捉えていて，IBDP の生徒は大人への階段を登り始めたばかりである。したがって，学習者像は授業における情報リテラシーの柱としてばかりではなく，ある個人の人生を通じて 1 つの段階として捉えるべきであり，学校生活の他の側面と同じく，学校図書館が影響を与え貢献できるものである。

学問的誠実性（Academic Honesty）

　IB の学習者像は，学習者がどうみえるかをポジティブに示すものであるため，学問的誠実性についてもそこでの議論に従うことが妥当である。「学問的誠実性」という言葉自体に妥当性があり，重要である。というのも，剽窃という言葉だと重要ではあっても否定的な側面が強調されるのに対して，肯定的な側面を強調しているからである。IB は，IBDP に特化した重要な文書を作成し，この概念に関する実践事例の解説を載せている。図書館員にとってこの文書は，生徒たちが倫理的に研究を進め，引用，剽窃について理解してもらうことが重要であることを共有しそのための戦略や方策を立てるのに役立つ。学問的誠実性の重要性を教えることは，前に述べた学習者像の，より一般的な側面（例えば考える人，バランスのとれた人，思いやりのある人，振り返りのできる人，信念をもつ人）に資するといえる。

IB の学問的誠実性に関する文書

　IB において，学問的誠実性は IBDP の正式項目であり，定期的に更新される文書によって管理される。この節では，2009 年 7 月に発行された文書について解説する。この文書は，OCC の「学問的誠実性」のページから常時入手できる。IBDP 校の図書館員は，文書の最新版に精通しているべきであり，常に OCC の更新をチェックする必要がある。この重

要な分野の IB の活動を支援するために，IB は 2010 年に，IB カリキュラム・評価センター（IB Curriculum and Assessment Center）を拠点とする学問的誠実性の管理者という新しいポストを創設した。この文書は「学問的誠実性」の定義，関係者の役割と責任を定め，「誤った実践」の防止と発見に関する助言を学校に提供する。この文書は「教育，学習，評価における品位を高め優れた実践を促進する」（p.2）価値とスキルの向上を促すものである。

　生徒は「コラボレーション（collaboration）」「協力（cooperation）」「共謀（collusion）」の違いなど，さまざまな用語や概念を理解する必要がある。信頼できる創作物については，新しいアイディアや創作物はそれまでにつくられたものから生まれるという創造的なサイクルが認められるが，その典拠を明確に示さなければならない。生徒は，パブリック・ドメインにあるとみなされる情報にも同じ規則が適用されることを理解する必要がある。文書は，パラフレーズするときでも，文中引用を明示し文献リストに示すことの必要性を解説している。

　IB 文書の文言「すべての IB 校は，学問的誠実性を促進するための方針を有する（べきである）」（4. 2., p.8）がいうように，学校独自の方針をつくらずして IB 文書をそのまま使用すべきではない。学校独自の方針は，IB の学習者像と，IB における著作物の剽窃，共謀および複製に関する定義を参照して策定すべきである。方針は実用的な文書でなければならない。学問的不誠実性とはどのような行為なのか，助言と例，および「原著に敬意を払い，引用するやり方の例」（S. 4. 6, p.9）も含める必要がある。そうすることによって，よい実践が促される。

　この学問的誠実性に関する文書には，しばしば生徒が典拠を示す力がないことを認める記述がある。実際，「多くの生徒が，いつ，どのように，典拠を示せばよいのかをわかっていない。IB の生徒には，この重要な学問的スキルを教えることが必須なのだ」（2. 4, p.4）と書かれている。

　この文書では，おそらくすべての IBDP に関する文書の中で図書館員の役割が最も明確に示され，「学校図書館員の役割と専門知識は無視されてはならない」と述べられている。図書館員はその養成において，著作権や，剽窃の危険性に関する問題に精通し，自身が研究に対して厳密で高い水準を保持していると明記されている。そして学術的な手順を踏んで研究を進めるために必要な情報を生徒に提供する「リサーチガイドライン」を図書館員がつくるべきだと推奨している。ガイドラインによって，生徒は「インターネットからダウンロードした資料に大きく依存しない，よく書かれた作品」を作成可能だろう，としている。この文書によれば「情報を見つけ評価し利用するスキルは，教員が教えるものというだけでなく，図書館員の専門性に特有のスキル」（4.9 節）なのである。

　図書館員だけでなく，学校では保護者などの大人たちが，よい基準と実践を促進する役割を担っている。学問的誠実性に関わる適切な習慣を生徒に教える教員の役割は認識され

ており，これは特に EE のスーパーバイザーに当てはまる。実際，図書館員が連携したり，特定のスキルを教えたりする必要がある大人が一定の範囲にいる可能性がある。

　IB が基本的にどの引用ルールを推奨するかという問題は，4.11 で扱われている。しかし引用のルールが使用すべきことは書かれていても，特定の方法は明記されていない。学校，教員，生徒それぞれが使いやすいルールを 1 つ選べるが，そのルールを一貫して使用すべきである。生徒は「十分なリソースを備えた書籍や雑誌のオンライン図書館（つまり購読データベース）を利用することが推奨されており，生徒（と教員）は適切に参照した文献の記述を保管することができる」(s. 4.15, p.10)。これは，各情報源に完全な書誌事項の詳細が記載されていることや，場合によってはデータベースの参考文献リストを自動作成する機能についての言及だと考えられる。IB は，生徒や教員が高い水準の学問的誠実性を維持できるよう，www.Turnitin.com のようなウェブベースの検知サービスの利用も推奨している。

図書館員のための実践的戦略

- IBDP コーディネーターと協力する。コーディネーターは，学問的誠実性について教える際のルールと手続きを知っておかなくてはならない。
- 参照，引用方法に関する教材を開発する。
- 生徒にとって明白かつ適切な時期に，文献リスト作成と引用法を教える単独のコース，またはティームティーチングによる授業を設定する。
- 学問的誠実性に関する学校の方針を策定しそれを推進する事業に関与する。
- このスキルは積み重ねが必要だという考え方を推奨し，生徒が中学校で文献リストのつくり方と文中での引用のやり方を学びはじめられるようにする。
- 教員やカリキュラムのリーダーと協力して，これらのスキルが重視され評価されるようにする。
- IBDP の教員，特に EE の指導教員のために，文献リスト作成や引用スキルについての研修や情報提供を行う。
- IBDP コーディネーターや特に EE コーディネーターと連携し，学校として統一した参照スタイルや参照方法を採用するのがよいのか，それとも，教科分野ごとに適した参照スタイルを選べるようにするのがよいのかについて議論する。方針決定後は，教員全体に周知し，新しく赴任する教員に伝えるべき基本情報に含めるようにする。
- 学校図書館に研究倫理に関する資料コーナーをつくる（一般コレクションと教員用コレクションの両方に）。
- 図書館のウェブページや学校のイントラネット上で，研究スキルに関するコンテンツを開発して公開し，学校の他のページとリンクさせる。
- EE における調査段階と執筆段階，およびその他の必要な作業において，グループ対象，

または個人対象に個別支援を行う。

● OCCで学習者像の最新バージョンの文書を参照する。また，OCCの「学問的誠実性」のページも参照する。

●学習者像の諸要素について，図書館独自の指導項目案をつくる。Glogsterなどのソフトを使えば，学習者像に特化した独自のポスターを作成できる。

●学校の運営委員会レベルで考えられたコレクション整備計画など，学校図書館の文書の中に，学習者像について明確に参照できるわかりやすい記述を入れる。「情報の自由（FOI）」を担保する資料となる可能性もある。

●思想の自由，情報の自由についての意識や議論を喚起するために，禁書にまつわる展示や啓発活動を企画する。

● Noodletools.comの「剽窃対策のためのテンプレート：倫理方針の目標（Template for a Plagiarism Policy: Goals of an Ethics Policy）」には，優れたポリシーテンプレートが用意されているのでチェックする（http://www.noodletools.com/debbie/ethical/policytemplate.html を参照）。

第6章

IBDP の生徒は学校図書館をどのように使うのか

　この章では，一般的な研究文献と今回のIBDP研究から抽出したG11とG12の生徒のニーズ，実践，習慣をみていく。通常，この学年の生徒は16〜18歳である。本章では以下を明らかにする。

　（a）　これらの生徒は学校図書館に何を求めるのか。

　（b）　これらの生徒は情報をどのように求め，手に入れるか。

　（c）　図書館員がIBDP生の情報ニーズを支援するために使える手段はどのようなものか。

上級生のニーズと図書館の利用

　生徒の行動を観察し，生徒その他にインタビューを行った研究は，大半が小規模で，（形式の整った研究プロジェクトというよりも）むしろ現在進行形で起こる実際の状況に基づくものだった。これらの研究によって，図書館が学習の場とみなされていることが明らかになった（例：Spreadbury & Spiller, 1999；Streatfield & Markless, 1994 など）。静かな環境は，学習の場としては価値があるかもしれない。しかし図書館は，個々の利用者の居場所でもあって社会的な機能ももち合わせるはずである（Shilling & Cousins, 1990）。これらの研究結果が，学校の他の施設が学習に使えない状態だったことに起因するのかは必ずしも明確ではない。また，学校図書館が校内で授業以外の時間に生徒が居るべき場所とみなされていることを示す研究もある（Rafste, 2003, 2005；Shoham & Shemer-Shaman, 2003）。学習のための場所としかみなされない学校図書館では，資料と人とをつなぐはずの図書館員の役割は，厳しく躾（しつけ）をしたり，ルールを守らせたりすることと考えられがちである（Frew, 2006；KRC Research, 2003；Limberg & Alexandersson, 2003）。他方，ときに学校図書館は居心地のいい場所とみなされているが，それは，生徒が実際に居心地がよいと感じ，図書館が学校とは違う雰囲気の独立した場所と感じていたからである（KRC Research, 2003）。

　スペースの提供は，図書館の主な役割として，その役割を図書館情報サービス分野のガイドラインその他の文書などでも常に確認されてきた。それでも，図書館とは生徒が図書館資料を利用する場所であるとの思い込みはなくなっていない可能性がある。しかし，（従来の）資料の利用は二次的なものであり，図書館外のテクノロジー（Wi-Fi環境など）を使えたりアクセスできたりするため，図書館がさまざまな用途で使える場所であることを示す研究がある。

　現在，図書館と図書館員の役割がテクノロジーによって見えづらくなる，あるいは不要になる**可能性**が示唆されている（Limberg & Alexandersson, 2003）。特にインターネットの

使用は，若い人の生活の中では当たり前のことであるため，図書館は時代遅れで不適切な
ものに見えかねない（Levin & Arafeh, 2002）。生徒の自分のスキルベースに対する見方と，
図書館員その他の見方には，隔たりがある可能性がある（Combes & Sekulla, 2002；Scott
& Owings, 2005；Streatfield & Markless, 1944；Williamson, Mcgregor, Archibald, & Sulli-
van, 2007）。ローランドとニコルズは，生徒を支援する大人の役割を明らかにした（Rowlands
& Nicholas, 2008）。生徒自身はそのような支援を必要とは考えないだろうが，研究者をめ
ざす人の情報行動に関する彼らの研究によって，若者には必ずしもウェブリテラシーがあ
るわけではないことがわかった。若者はウェブページを読むというよりも眺め，検索エン
ジンに過度に依存しており，ウェブページで見つけた情報を評価する批判的スキルに乏し
かった。プロジェクト・情報リテラシー（Project Information Literacy）の一環として行わ
れた研究において，ヘッドとアイゼンバーグは，デジタルリサーチが，少し年上の学生（大
学生）にとっても難易度が高いことを発見し，関連するスキルの欠如を強調している（Head
& Eisenberg, 2009）。そのために学生は，挫折しがちである一方で「特に『引用できそう
なもの』」を検索する手立ての支援と，複雑な情報空間を案内することにおいて，図書館と
図書館員に価値を見いだしていた」（p.10）。

　生徒は学びまた学ぶべきであるが，どこに焦点を当てて学ぶべきかの検討が十分でない
ことを示唆する研究がある。問うべき課題は残っている。つまり，生徒は何を学んだのか。
そして，学びの助けになったものは何か。結局のところ，教科書を使った授業では，生徒
も十分によい評価を得られてきたかもしれない（ノルウェーのRafste2003に示されるように）。
教科書はより重要なものと見なされる可能性があり，独自のリサーチの必要性はないと考
えられてしまう可能性があるのだ（Madden, Ford, & Miller, 2007）。また，ある研究で，
教科書があることで，とりわけ図書館の利用が制限されることが明らかになった（Spread-
bury & Spillar, 1999）。のちの研究（Williamson et al., 2007）では，便利な情報源としてイン
ターネットの普及が認められたものの，それでもなお生徒の教科書に対する評価が高いこ
とがわかった。これは，生徒が学習の場として図書館を利用しているが，自分の資料（多
くの場合教科書のみ）を持参していることを示唆する。

　このような状況においては，図書館情報学分野が強く推奨する情報リテラシーが，学習
と関連性をもたないようにみえる，あるいは関連性がない可能性がある。確かに，（オー
ストラリア学校図書館協会のためにロンズデールが行ったメタ分析（Lonsdale, 2003）が明らか
にしたように）学校図書館員と生徒の情報リテラシースキルの習得を関連づける研究エビ
デンスは，わずかしかない。図書館情報学分野の二次資料や専門文献には学校図書館員の
そのような役割を主張するものがみられるが，ムーアは，歴史的にみてそのような主張は
影響力がなかったことを指摘している（Moore, 2005）。図書館員が教員と生徒に対して，
正確で適切な情報を見つけるのに図書館の利用が重要であると示せた場合にのみ，この状
況を打破することが可能だ。大事なのは，図書館員が新しいデータベースやその他の情報

に関して，いかに最先端の知識をもつことができるかを示すことなのである。

　当然のごとく，教員は生徒にとって最も重要な情報源であるとみなされてきた（Irving, 2006；Latrobe & Havener, 1997）。教員の教え方が図書館の利用を制限する要因であることを示唆する研究があるが，驚くにはあたらない。教え込む教育的実践はこれまでも確認されてきた（Spreadbury & Spiller, 1999；Streatfield & Markless, 1944）。外部試験で求められるものに準拠するために，大量の科目内容を教える必要があることと関連しているのだ。教員は，生徒に多くの内容を教えるにあたって時間的なプレッシャーにさらされる（Williams & Wavell, 2006）。具体的なやり方は教員とその科目によって幅があるものの，生徒は必要とする情報を直接与えられることに慣れているため（Merchant & Hepworth, 2002），あまり図書館を使う必要がないのだ。

　生徒は情報が必要なときインターネットに頼りがちである（McLelland & Crawford, 2004；Williamson et al., 2007）。それは，学術情報か日常の情報かにかかわらない（Levin & Arafeh, 2002；Rafste, 2005）。生徒にとってインターネットの利用は生活において当たり前のことである。デジタルネイティブである生徒は，自らがインターネットで見つけた情報を利用することに長けていると思っている。しかし，生徒が検索して得た情報の多くが的確でも妥当でもないことをよく知る教員や図書館員は，必ずしもそう考えていない。大半の生徒は，データベースの利用までには至らない（Barranoik, 2001；Limberg & Alexandersson, 2003）。図書館員はデータベースの利用を推奨しつづけている（Wright & Christine, 2006）が，そのためにはまず教員にデータベースの使い方を教えたうえで，生徒がデータベースを使わざるを得ない課題を出すように仕向けなければならない。学校図書館のOPAC もなかなか使われない（Frew, 2006；Spreadbury & Spiller, 1999）。生徒が図書館を利用するときは，たいてい図書館員に情報やリソースのありかを聞く。

　生徒は高等教育において成功するというよりもむしろそこで生き残るために，高度なレベルの情報リテラシーを身につけることが期待される。これは，少なくとも専門文献においては，学びは，学習過程を重視する構成主義的なものであるという信念に基づく（Branch & Oberg, 2001）からだ。したがって，図書館員が推奨する構成主義的教育学と，教員が使う他の教育学との間には矛盾が生じる可能性がある（Williams & Wavell, 2006）が，中等教育で養われたスキルが高等教育で本当に役に立つのかという疑問は生じる（Ellis & Salisbury, 2004）。

　初期のグラウンデッド・セオリーによる図書館情報学分野の研究において，メロンは，図書館不安の概念を明らかにしている（Mellon, 1986）。学生は自分の能力に自信がなく，大学図書館の規模と複雑さに物怖じしていた。学生はその不安を乗り越えるために自信が必要だった（Goodin, 1991）。一方ダニエルは，学生に基本的なリサーチスキルがないことを指摘し（Daniel, 1997），また，学生は高校までに教員が指示したリソースを使っていたこともわかっている（Langford, 1998）。こうした学生は大学に入るまでに，リサーチの経

験が乏しいのだろう。スキルが限られているせいで起こることの1つとして，彼らが剽窃する傾向があることが挙げられる（Williamson et al., 2007）。剽窃の誘惑は，作業量が多いこと（Millard, 2005）や，外部試験のシラバス要件とそのプレッシャー（Boden & Carroll, 2006）が引き起こす可能性がある。しかしこのようなプレッシャーは，教員と図書館員が足場を提供することで減らせていた可能性がある。少なくとも学生は，教員と図書館員に価値を見いだし信頼することで，大学入学後に時間をかけてスキルを伸ばし，自信をつけていることがわかった（Kuhlthau, 2004）。大学入学前までの教育と大学での教育の間に密接な関係が見いだされることは特筆すべきことである（例：Smalley, 2004）。

IBDP における図書館についての本研究の結果

　これまでの IBDP と学校図書館の関わりに関する数少ない研究は，特定の部分に焦点を当てている（ラチュピュティのケーススタディは EE の終了後に焦点を当て（Latuputty, 2005），ラフストの研究は IBDP の図書館一館を対象にしているが，研究の焦点は特定のカリキュラムを支える図書館というよりもむしろ図書館における交流の側面にある（Rafste, 2003））。そのため，筆者の研究では，IBDP 全体に対する図書館のサポートに焦点を当てている。調査方法は，図書館における生徒の観察，プログラム参加1年後のインタビュー，そして IBDP 終了後に同じ生徒を対象としたフォローアップインタビューである。

　他の研究との違いは，研究対象がプログラムの G11 と G12 の生徒「全員」であることだ。多くの学校でよくあるような選抜グループ（例えば，才能のある生徒）のみを対象としたものではない。この調査の対象校では，16〜18歳の生徒全員が IBDP に参加するカリキュラムになっており，生徒が一部の IB 科目認定のみを受けるのは非常に稀で，実質的にはディプロマの要件をすべて修了することになっている。これは世界的にみて，IBDP 提供の方法として特に珍しいわけではない。

　この IBDP 研究は現在のところ，インパクトがあることを示唆してはいるが，インパクトスタディとして（つまり，アドボカシーのツールとして）利用できるほどのものではないことは強調しておく必要がある。これは，現実的な状況にある生徒と教員についての研究である点に強みがある。このような自然な状況下における質的研究では必ずしも望むような調査結果にならないことを，図書館員は受け入れる必要がある（実際，特定のプロジェクトを設定してそれを調査することも可能だったはずだ。例えば，IBDP の課題と学校図書館の関与，EE に対する図書館のサポート，あるいは TOK を学ぶ生徒の図書館利用などである。そうすれば，研究の結果はまったく違っていたはずだ）。研究結果から図書館員が得られるものとして，教員と生徒が図書館の支援をどのように捉えているかがあり，それは図書館としてサポートをどう変えるべきかの道しるべとなる。それに加えて，現在，図書館実践とIBDP 関連の研究がほとんどない状況において，小規模でも IBDP と図書館の関連について図書館員が報告をする機会をもてば，これを続けることで将来的に IBDP 図書館の図書

館員が参照できる関連文献が増えることにもなる。したがって，下記の結果がネガティブに感じられようとも，自分の勤務する図書館に反映しこれを評価する観点として使い，さらには学校図書館と IBDP の将来的な研究への足掛かりとすることができる。

IBDP 生は学校図書館で何をしたのか　観察によって，大半の生徒は座って勉強する場所として図書館を利用していることがわかった。生徒はおおむね，課題を片付けたり，読み書きしたりするために来館した。ほとんどの場合，生徒は自分で用意したか教員が与えた教科書，教材，用具を使用していた。図書館で最もよく利用される「リソース」は，図書館その他の場所で利用するために借りられるノートパソコン（Mac iBook）だった（訳注：iBook は 1999〜2006 年にかけて Apple 社から発売されていたノートパソコンで，その後 MacBook に継承される）。図書館には生徒が必要な期間借りられる iBook が多数あり，生徒は，それらでインターネットにアクセスし，文書作成，（学習目的で）音楽を聴く，メールチェックなどに使用していた。3 番目に多く観察されたのが，その他すべての図書館リソースの利用であった。書架のブラウジング，図書，雑誌や新聞を読む，図書館内の個室で図書館所蔵の DVD を観るなどであった。とはいえ，図書館資料の利用は，通常，iBook を除いて館外貸出には至らなかった。

ちょっとした雑談は観察されたものの，主要なソーシャルエリアとしての図書館利用を著しく阻害するような会話や行動はみられなかった。生徒は，安楽椅子であろうと勉強用のキャレルであろうと好きなところに座る傾向があった。座席の種類によって取り組む活動のタイプが規定されたり促進されたりすることはなかった。生徒は，グループで雑談したり話したりしたければ，安楽椅子でもキャレルでもそうしていた。1 人で活動したい場合も選んだ椅子の形にかかわりなく，やはりそうしていた。しかしながら，インフォーマルなグループでの利用もまた，日常的によく観察された。これらはその場かぎりのもので，生徒の自主的なグループ，教員と一緒の授業のための小グループ，CAS 活動やスーパーバイザーとの打ち合わせのためのグループのいずれかであった。

生徒は，ごくたまに図書館スタッフに助言を求めた（ただし，観察が行われた期間に，図書館員が EE におけるリサーチと引用に関する一連のセミナーを実施したことに留意する必要がある。一連のセミナーが生徒の質問を引き出した可能性がある）。生徒は目録をめったに使わなかった。図書館を自主的に利用する生徒は，几帳面で時間の管理が行き届いているように見えた。一方で，少数派の生徒は雑談したり，歩き回ったり，ICT エリアに立ち寄ったりして，落ち着かない行動をとっていた（集中持続時間が短いことに起因する）。

まとめると，生徒の図書館利用で観察された頻度の高い順に，場所としての利用，ICT の利用，その他の図書館リソースの利用であった。この結果に従って，生徒へのインタビューを半構造化した。G11 の生徒（つまり IBDP 候補の初年度の生徒）数人に対して，G11 の終了時にインタビューを行い，G12 の終わり，つまり IBDP コース 2 年目の終了時に再びインタビューを行った。比較のため，調査の最初の年に，当時 G12 の生徒数人に

もインタビューを行った。

　G11 の生徒は図書館についてどのように考えたのか　　生徒は全員，学校図書館は学習に役立つ静かな環境を提供できると考えた。生徒によっては図書館を使うのが当たり前で，習慣的に利用していた。図書館の最も静かなエリアで「真面目に勉強するために本当に集中できるところ」を好む生徒もいた。この研究では図書館を利用していない生徒も調査の対象に含まれており，まったく使わない生徒もいれば，授業以外の時間に校内で利用できる場所として図書館のもつ社会的場の雰囲気を好む者もいた。また，しばしば放課後に 1 人で，あるいは友人と一緒に学習することを好む生徒もみられた。したがって，すべての生徒が，学習する場所と自分がやる気になる環境を自分で選択していた。また生徒は，プレッシャーを和らげたり，全体的な作業量や特定の課題に対してグループのサポートを求めたりするために，互いに交流する必要があった。

　生徒によれば，課題のために図書館を利用することはあまりなく，教員が図書館の利用を奨励するかどうかにはばらつきがある。生徒の経験はさまざまだった。ある生徒は，ほとんどの教員が「図書館の利用を奨励している」と考え，一方，別の生徒は極端な場合，インターネットがいつでも利用可能なため「教員は図書館のことを気にしていない」と考えていた。さらに別の生徒は，教員が図書館を勧めるのは「特定の課題のため」だと感じていた。しかし課題のために図書館を利用したことのある生徒も，問われてもどのように図書館資料が役に立ったのかを示すことができない。

　全員が，IBDP 生として 1 年目に使った物理的な図書館資料を挙げることができていた。しかし，その種類と範囲は，一般書，レファレンスブック，ノンフィクション，百科事典，定期刊行物，DVD，フィクションと多岐にわたっていた。大半は図書館目録を利用したことがあり，図書館員に所蔵場所を尋ねることもよくあった。しかしこれもまた人によってばらつきがみられた。ある生徒は，実際に「歩き回って資料を探す」ことを好み，独自のアプローチを編み出して自力で資料にたどり着いていた。しかし，目録を使った生徒はおおむね検索語を考えるのに時間がかかり，定期的に目録を利用していたのは 1 人だけだった。全員が ICT リソースと設備を利用しており，特にノートパソコンの利用が多かった。定期購読データベースを利用していた生徒は少なく，図書館のウェブページを利用して，そこで見つけた引用と参考文献リストに関する情報を活用した生徒は 1 人だけだった。一方で，全員がよく使っていたのはインターネットだった。

　IBDP に関連するさまざまなスキルについては，タイムマネジメントスキルが最も重要であると考える生徒が多数だった。理由は作業が多いためで，ある生徒は「作業を時間どおりに終わらせるためには，1 つずつ作業できるように計画的に時間を使うことが，自分にとって非常に重要だった」と述べている。他に生徒が重要だと考えたのは，自主学習スキルと批判的思考だった。IBDP のこの段階では，生徒は 1 年目を終えて EE に取り掛かったばかりだったが，何人かが，図書館がコア科目だけでなく一般の教科も支援できると考

えた。しかしながら，図書館はコア科目，特にEEに役に立つと考える生徒も少数だがいた。図書館で前年度のEE論文を例として参照できることが特に役立ったと数人が述べた。全員が，教員と教科書をIBDPの最も重要な情報源と考えていた。図書館，家庭，インターネットなどその他の情報源がそれに続くが，その重要度の順番は生徒によってさまざまだった。以上が，IBDPの修了をめざすDP生の状況である。

　プログラムを終了した生徒は，図書館についてどのように考えたのか　G11の生徒へのインタビューと並行して，G12を終える生徒へもIBDPにおける図書館の印象を尋ねるインタビューを行った。学習環境については，数人が図書館の静寂さを評価したが，これはそうした環境を好む生徒に限られた。他の生徒は，ディスカッション，コミュニケーション，ピア・サポートを必要としていた。生徒による違いは，ストレスを和らげるために図書館を利用するかどうかの点にもみられた。ある生徒は，「ストレスを感じたときには，次の授業の前に数分間図書館でリラックスしていました」と述べた。物理的なパーソナルスペースを楽しむことができ，気が散ることが少なくなり，集中できるようになったことが，ストレス解消に役立ったようだ。インタビューした生徒は全員が図書館の環境を把握しており，必要性や好みに応じて利用していた。学習には休憩が必要で，生徒は昼休みや休み時間，放課後に学習しない傾向がみられたが，これは生徒がその時間をさまざまな活動やCAS，スポーツなどに当てる必要があることも関係している。

　G12の生徒の中には，一般教科の課題の一環で図書館を利用していたケースもあった。図書館でリサーチ活動をして参考文献リストをつくる必要があることを思い出した生徒もいた。一方で，G12の間，図書館を利用しなかった，もしくは使う必要がなかった生徒もいた。図書館を利用したテーマはさまざまだが，社会科学，芸術，英語（IBDPグループ1，3，6）のほかに，特に歴史のコースワーク（学校内評価課題）での利用が多かった。

　タイムマネジメントは，インタビューを受けたG12のほぼ全員もIBDPで最も重要な要素だと考えており，G12の学年が進むにつれてその重要性が増していた。また，すべてのコースワークでリサーチが必要なため，リサーチスキルが最も重要と感じる生徒が多かった。

　図書館を学習の場所として利用した生徒は，図書館資料を，学習と娯楽の両方に使っていた。IBDPに関わる利用では，EEのためが最も多かったが「すべての授業課題にはリサーチが必要」としてG12で資料の利用を増やした生徒や，最終試験のレビューに「子ども向け歴史の図書」を利用した生徒もいた。ICTまたはインターネットは日常的に使われ，定期購読データベースを利用し，図書館ウェブページで引用と参考文献の書き方に関する図書館情報を参照する生徒が増えていた。1年間で目録を利用する生徒は増えたが，書架から資料を探し出す能力にも差があり，全員が資料を探すにあたりスタッフに助けを求めていた。これには（CAS活動の1つとして図書館の手伝いをしていたので，どこをみればいいか知っていると言っていた）生徒で「今も時々，暇なときに」助けを求めると述べた1人も含まれる。EEとTOKエッセイのための参考文献の書き方について，学校図書館員に一

般的な質問や関連したアドバイス，助けを求めた生徒が増えた。なかには，EE の特定段階ごとに，資料の特定と入手について助けを求めた生徒もいた。

　G12 の間に教員から図書館を使うよう勧められたかどうかについて，生徒の認識にはばらつきがあった。図書館を使うよう勧めたのは英語，歴史，TOK（ある生徒は「図書に関する科目」と呼んでいた）の教員だったと答えた生徒が何人かいた。ある生徒は，英語の教員が図書館に行き「図書を 10 冊探索し，その参考文献リストをつくる」課題を出したと述べた。その生徒は，授業のためだけでなく「EE と，大学進学に特に重要な」出願のためのエッセイ執筆にも，これがたいへん役に立つ経験だったと述べている。その他の生徒は，一般的な忠告という意味で図書館利用が勧められたと捉えていた。ある生徒は，自分たちがインターネットに頼りすぎていると教員が考えたため，バランスを取るために図書館の利用を推奨したのではないかという自説を述べた。

　図書館が IBDP をさまざまな面で支援することが可能かどうかに関する生徒の認識はさまざまだが，全員が，EE と TOK エッセイに言及していた。一般教科の利用の場合は，生徒の認識は 2 つに分かれた。半数が，必要な情報が教員や教科書から得られたためになおさら，インターネットで足りる，もしくは図書館は関係がないと答えた。これとは異なる考えの生徒も見受けられ，このケースが当てはまる科目が何かを示していない場合が多かったとはいえ，全員が科学と数学では教員と教科書からすべての情報が得られたと指摘していた。一方で，図書館利用が役立った科目として，歴史を挙げる生徒が多かった。

　なかには，図書館のイメージを図書と結びつけてそのことを好む生徒がいるが，図書ベースの情報がより権威があるという信念に基づく個人的特性を反映している。しかし，情報源の重要性についてのランク付けについては，インタビュー対象の G12 の生徒全員が，教員と教科書が最も重要であるとみなしていた。ただし「教科書」という用語があいまいに使われており，さまざまな IBDP の科目や分野のために教員から与えられた図書を生徒が「教科書」と呼ぶことを理解しておく必要がある。使用された教科書の中には，IBDP のために特別に執筆され出版されたものも含まれている。ある生徒は「教科書は IB に特化していて IB の試験官が執筆していて役に立つ」と述べ，教科書が情報源として最も価値があるという一般的な見解を示した。

　G11 と G12 の生徒グループを比較した結果，どのように異なっていたのか　　学習のための学校図書館利用については，G11 と G12 で違いがみられた。どこで，いつ，何を学習したかを尋ねた結果，G11 の生徒より G12 の生徒には，集中力の向上，個人スペースの確保，タイムマネジメントの練習，ストレス管理など，利用の理由が多岐にわたっていた。どちらも課題のために図書館の資料を使っていたが，その作業は，どの生徒にとっても日常的に行うものではないことがわかった。教員の励ましはさまざまだったが，一般的には学習目的での図書館利用を奨励している教員もいるように感じられた。G12 の生徒は，参考文献リストの作成が課せられていたために図書館の利用の必要性を認識していた。

一方で，（生徒も教員も）インターネットの利用と教科書の提供が積極的に図書館利用をせずに済んだ要因であることも認識していた。G11 の生徒は，教員が図書館利用を奨励した科目分野を特定していないが，G12 の生徒では，大部分が英語，歴史，TOK を挙げた。両学年ともに年間を通して図書館資料を利用していたが，その利用頻度や利用する資料の種類にばらつきがあった。両学年ともフィクション資料の利用が少ない。G12 では，EE に関連する資料の利用が多く，一般的に有用な資料を見つけることができていた。生徒全員が，主に資料作成とインターネットアクセスのために iBook を利用していたが，定期購読データベースの利用は限られていた。G12 の生徒の多くが図書館ウェブページの引用情報にアクセスしている一方，G11 では 1 人だけだった。これは，IBDP の 2 年目において，引用情報の必要性がより高まることを示唆している。ほとんどすべての生徒が図書館の目録をうまく利用していたが，利用の程度にはばらつきがあった。G12 では，生徒が答えた目録の利用目的は，EE のためが大多数を占めた。それにもかかわらず，両学年の生徒が，資料を探す際に，それが目録に有るかないかにかかわらず図書館員に助けを求めたと答えた。G11，G12 ともに図書館に問い合わせを行いスタッフが資料を見つける手助けをしてくれたと答えたが，参考になる資料についてのアドバイスを求めているケースは少ない。ただし，G12 のほうが引用の必要性に関してアドバイスや助けを求めていることがわかった。

　実質的にすべての生徒が，タイムマネジメントが IBDP での経験において最も役に立つ特性もしくはスキルだと考えていた。また，さまざまな特性やスキルを身につけている生徒の場合，タイムマネジメントとほぼ同等に重要だとして挙げられたのが，最も重視すべき学習・リサーチスキルや批判的思考能力だった。G12 の生徒は，経験を積むことでより詳細に状況を述べることができるようになり，例えば，時間を効果的に管理する必要性をかなり理解していたことがわかる。

　G11 の生徒は，大体は図書館がコア科目，EE と TOK，いくつかの科目分野に役立つと考えていた。G12 の生徒はより詳細なコメントをしていたが，これもまた経験の深さを反映したものだった。図書館が支援する主な領域は EE だったが，2 人が自分の EE のテーマが珍しいものだと考えており，この考え方が，図書館がサポートできることについての彼らの認識に影響を与えていた。多少なりともではあるが，もう 1 つの大きな支援とみなされたのは，TOK エッセイだった。生徒の回答は，科目によって意見が分かれた。図書館が助けになったと答えた生徒でも，図書館の支援と無縁な科目があったと述べた。

　重要なのは，自発的な活動のときよりもむしろ，図書館に行くように求められたとき，生徒の態度，行動，コミュニケーションの場としての図書館の利用が変化したことである。この状況の変化は，アクションリサーチが行われている間に観察された。

　まとめると，これら 2 つの異なる生徒グループへのインタビューにより，次の共通要因を特定することができた。

- 生徒は学習環境としての静かな空間を必要とし，望んでいた。
- 生徒にとって最も重要なスキルは，タイムマネジメントスキルだった。
- 生徒は一般的に IBDP での学習のため図書館資料を利用していたほか，目録や ICT 機器などの図書館サービスを利用していた。
- 生徒は図書館資料を IBDP の EE のために最も利用した。
- IBDP の課題や授業の一環で図書館を利用する教員もいた。
- 生徒は教員と教科書を IBDP のための最も重要な情報源と考えた。
- 生徒は図書館を利用するよう勧めたのは，主に英語と歴史の教員だったと考えた。
- 生徒は図書館員に資料を探す手助けを求めた。
- 生徒は IBDP における図書館の役割は，主に EE と TOK であると考えた。

　　IBDP の生徒の意識は，G11 から G12 にかけて変化したのか　　G11 と G12 の生徒グループの間には，類似点だけでなく相違点もあることがわかった。生徒は，G11 の当初と G12 を終えた IBDP を修了時で変化したのだろうか。この研究の過程において，生徒の図書館利用について新たに生まれた問いはどのようなものだろうか。

　図書館は主に「学習スペース」を提供しており，「静けさ」が期待でき，「リサーチすること」が可能な場所であるとの生徒の考えは，依然として変わらなかった。「学習スペース」「静けさ」「リサーチ」，これらはすべて生徒が図書館に関してよく用いる言葉だった。このように，何人かの生徒は図書館について肯定的に考え，図書館に来ることにも，そこにいる間に何かをする（つまり勉強する）ことにも積極的だった。しかし，すべての生徒がそのように考えるわけではない。ある生徒は「実際に図書館に行って（情報を）探すのは，ハードルが高いと感じ」ていた。この生徒にとっては，インターネットを利用するほうが楽だったのだ。学習環境については，生徒によって好みが分かれた。例えば，ディプロマの最終試験が近づいてくると，集中力を高めるための静かな場所として積極的に図書館を利用していた。居心地のよさ，家庭の状況，帰宅の都合（つまり放課後などの）はすべて，生徒が図書館を学習目的でどのようにいつ使うかの選択を左右する要因だった。生徒の学習時間は，他の時間帯に比べて，自習室が使える時間に関わっていた。G12 になると，生徒たちは，少なくとも図書館の利用に関連して，タイムマネジメントスキルの必要性とそれを使うことをより意識するようになった。

　G12 では，生徒はどのようにリサーチをしていただろうか。少なくとも 1 人はインターネットのみを利用していたが，全員が毎日のようにインターネットを利用しており，おそらく図書館の資料を含む他の資料は補足として使うだけだった。Wi-Fi 環境が整っていたので，生徒はコンピュータの利用について図書館だけを連想する必要がなかった。結局，校内どこでも ICT が使えたからだ。しかし，インターネット上で探索する際に使った時間とスキルと戦略において，G12 ではインターネットをより効果的に利用していたことを認識していた。プログラムの間に，何人かの生徒の図書館の見方が変化していた。ある生

徒は，「ディプロマが始まって，図書館に実際にどれだけリソースがあるかを理解すると，完全に考えが変わる」と述べた。

　教員の励ましは，生徒にはどのように受け止められたのだろうか。実際には，特定の課題のためというよりもむしろ，より一般的な図書館利用を勧めたと考えられていることがわかった。ある生徒は，図書館を利用することは「より個人的な，自己責任に基づくもの」と考えていた。別の生徒は，調査や研究を必要とする「事実に基づいた」科目が増えることを期待していたので，図書館の利用を勧めたのが英語科だけだったことに驚いていた。

　生徒は，IBDP における図書館と図書館員の主な役割と機能についてどのように認識しているだろうか。ある生徒は，図書館の利用について「学習のための情報入手の場所」という独自の言い方をしていた。他の生徒は，主に「リサーチする場と認識していた。図書館員の役割については，ガイダンスと情報と資料の利用を支援することだと考える生徒が大半だった。ただ，生徒は G12 までには，図書館を自力で使いこなせるようになった，あるいはそうなるべきだと考えていた。一方で，ある生徒は「G11 のときは，完全に迷子だった」と述べた。

　生徒は，図書館が自分にとって価値があると考えているだろうか。ある生徒は，図書館は「静かに集中して作業する」ための空間だったため，プログラムが進むにつれて「学習のための重要性が増した」と考えていた。一方，別の生徒は，使い始めたときから総じて図書館に満足していたと述べた。さらに，「図書館がなければ（IBDP は）できない。まさにそのための学習に必要な場所だから」と述べる生徒もいた。しかし，極端な意見として，ある生徒は「今はネットに何でもある」と簡潔に述べ，インターネットがあるために図書館には価値がないと考えていた。

　生徒は十分な ICT ／インターネットスキルをもっていたのか。教員も生徒も，生徒のインターネット検索スキルには限界があると指摘していた。必要性（つまり締め切り）があったことで，IBDP の間にそのスキルはおおむね向上していた。そうした現状にもかかわらず，生徒は学校やその他のニーズのためにインターネットを日常的に幅広く利用していた。

IBDP における生徒の図書館利用はどのようなものだったか

　学習の場としての学校図書館の利用が最も多かった。特に，自習あるいは生徒が考える「自由時間」において顕著だった。一部の生徒は，自習室として使うために図書館に居る必要があった。一定の時間，学校図書館にいることで，生徒のモチベーション，場におけるマナー，行動などにさまざまな問題がみられた（これに従って，調査の間に学校の規則が変更された）。

　量的なインパクト研究すべてにおいて，高校生活が進んでいくにつれて生徒の学校図書館の利用が減少することが示された（もしくは，上級学年の調査が行われていない）。ただし，これらの研究では生徒の図書館利用が少ないのではなく，利用の仕方が変わったことが示

唆されている。

　生徒は図書館のリソースを利用したが，図書館の場所の利用のほうが（主にインターネットからの）電子資料の利用よりも多かった可能性がある。しかるに図書館におけるテクノロジーの使用は，非常に強力だった。

　生徒は，教科教材室や教員個人の蔵書を含む学校図書館以外の情報源にもアクセスしていた。科目によっていくつかの理由で生徒を図書館へリサーチしに来させないところがあるが，これが1つの要因なら，生徒がいる場所ということで，メインの図書館から必要なコレクションを教科教材室に分散配置することも可能だ。

　一方，本研究の対象の生徒は，英語以外の言語を話す国のインターナショナルスクールに在籍していたため，利用できる英語の図書館や情報施設の量に制限があった。別の観点からいうと，国立図書館や州立図書館，地域図書館のような図書館インフラが整備されていれば，生徒のために図書館員が利用することができる。

　生徒は，さまざまな方法で資料にアクセスしていた。オンライン目録はあまり使われなかった。生徒は資料の場所を覚えるか，仲間に尋ねるかしていた。またやみくもに棚を見たり，図書館スタッフに必要な資料を探してもらったりしていた。生徒の資料を探すスキルは限られていた。1つには，それまで学校でそのようなスキルを求められたことがほとんどなかったのだ。しかし，生徒はEEのためにこのスキルを必要としていた。ほとんどの生徒が，生徒やIBDPに対して図書館が行うサポートで最も重要なのはEEのサポートであることを認識しており，また，図書館のこの役割が見過ごされる懸念があると指摘した。

　生徒はテクノロジーを使用していた。しかしデータベースを使うことは滅多になく，使うのは大抵の場合，使うことを勧められ，どのように便利か教えられてのことだった。文献で示されているように，インターネット上には，役に立たない，関連性がない，あるいは正確ではない情報があることがわかっていても，生徒は構造化されたデータベースではなく，自由なインターネットを好む。ともかく文献は見つかるのであり，インターネットのほうが使いやすく親しみやすいわけである。

　インターネットは生徒の生活の一部で，それがない生活はまったく考えられないので，インターネット以外の情報を必要とするリサーチ課題は，生徒にとって，非日常的で努力を要することなのだ。しかし，何人かは，自分のインターネットスキルには限界があり，ウィキペディアのようなものに頼りがちだと認識していた。

生徒は学校図書館をどのように認識していたのか

　生徒がどのように学校図書館を認識しているか把握することは，彼らの価値観を理解し言語化し，その図書館利用を予測可能にするために重要である。生徒の認識は，IBDPに取り組む間に明らかに変化していた。

　特に図書館にいることを求められている場合（学校の中で他に利用できる施設はおおよそ

限られていたため），生徒は図書館を社会的な場として使うことができていた。図書館を社会的な場として使うことで，生徒は図書館を相互交流や気分転換に使えるということも認識するようになった。このような利用の仕方においては，生徒ラウンジとしての利用のような，図書館では通常適切とみなされない行動を引き起こす可能性がある。また，生徒の縄張り意識が強くなる可能性もある。年上の生徒があるエリアに集まっていると，他の生徒はそのエリアを使いづらい場合もある。一部の生徒が図書館について評価した表現—静かで穏やかな空間—を台無しにする可能性もあった。つまり，生徒は，他学年の生徒が図書館をどのように使い，どのようなものと認識しているかに影響を受ける可能性があった。こうした認識の傾向は教員も同様だった。授業中に調べ物のために生徒を図書館に行かせたがらない教員もいた。多くの生徒が自習室として図書館を使っており，そうした生徒の邪魔になると考えたためである。とはいえ，静かで書物に支配された場所という図書館のイメージによって，図書館が他と違う存在だという認識ももたれていた。極端な場合，この静かなイメージは，ストレス解消の1つの方法として利用されていた。

　しかし，プログラムが進むにつれて，生徒の見方は変化した。図書館が，学習スペースの提供だけでなく情報提供の役割をもっており，自分の意志によって利用するかどうか選択できると見なすようになった。ディプロマ2年目の生徒のなかには，時間を効率的に使い，必要な作業を終わらせ，試験の準備に役立つので，図書館の利用に価値とメリットがあると考える生徒もみられた。図書館に価値を見いださない生徒でも，場所と資料が選択できることを評価していた。図書館が一日を通して利用できることも評価された。多くの生徒は帰宅時間が遅く，夕方になると疲れて勉強できなくなるため，日中学校で勉強できることをありがたく思っており，学校で作業を終わらせたいというニーズがタイムマネジメントのスキルを促していた可能性がある。G12のプログラムが進むにつれて，生徒はより多くのプレッシャーを経験し，外部の締め切りだけではなく，自分の作業の締め切りが増えていったことを考え合わせるべきであろう。これは，生徒にとって未知の経験だった。外部受験のための復習も必要だったが，時間の自由度も高く，その時間を自分で管理する必要があったのだ。

IBDP が始まる以前の図書館利用は生徒の役に立っていたか

　IBDP に入る前の生徒の図書館利用は，実際，生徒の転入転出の状況に左右されていた。生徒数が比較的安定している学校では，図書館員は，IBDP が始まるまでに前もって生徒に図書館の利用方法を伝える時間がある。インターナショナルスクールなどのように，生徒が平均して18カ月から2年間しか在学しない学校ではあまり現実的ではないにしても，目標にする必要はある。まず MYP を実施し，次に IBDP を実施することの利点を明らかにすることを目的とした研究がある。こうした研究に参加した教員は，IBDP 以前に生徒が図書館を利用することは役に立つと感じており，また，文献調査について教えることも

同様に役に立つと考えていた。

結論

　ここでは，特定の生徒たちがどのように学校図書館を利用したかについて述べた。グラウンデッド・セオリーは，一般化を目的としない研究方法である。実際，同じ学校の同じ学年であっても異なる生徒を選んだ場合には，異なる結果が得られる可能性がある。本研究を他の状況下に適用できるか否かは読者に委ねられる。自分の学校や図書館でみかける生徒と似ていて，ここで説明されている状況になじみがあるならば，ここで示された結果から考えるべきことは多いはずだ。重要なのは考察することであり，それが本書のねらいでもある。ここまで，IBDP コミュニティーにおける主要なグループ（つまり生徒）について検討してきたが，さらに，教員，管理職，そして学校図書館員など，他のグループの人々の意見や認識についても検討する必要がある。この研究を始めるに当たって行った先行文献調査と研究中に集まった情報の成果として得られた以下の戦略は，学校図書館員の仕事に応用できるはずだ。

学校図書館員のための実践的戦略

● 生徒がプログラムを始める前に，学校全体の学習スキル／情報リテラシー方針の策定に関与し，IBDP において生徒にどのようなスキルが期待されているかを見極める。学問的誠実性と IB の学習者像の背景に留意すること。

● 特に学校図書館が自習室として常時または一定の時間利用されている場合は，IBDP の最初に，リサーチスキルではなく，学習スキルに関するセミナーを計画する，あるいはその計画に関与する。適切なタイミングでセミナーを行うことで，作業への期待を高め，そのやり方への納得が得られやすくなるため，タイミングが重要なのだ。セミナーではプログラムへの導入を幅広く扱うことが可能だが，ともかくプログラムの最初に行う必要がある。

● IBDP の間に，生徒がどのようにタイムマネジメントのスキルを学び，そのスキルを堅固なものにするか調べる。

● IBDP コーディネーターとの話し合いの中で，プログラムにおける図書館の役割を明確にする。各学校での IBDP に関する決定事項を記録し，生徒，保護者，教職員が利用できるようにしておくと便利だろう。

● IBDP 生への図書館の支援を教員がどのように考えているかを教員と共有する。教科によって違いがあるかもしれないからだ。

● 学習支援および IT 支援担当と連携し，IBDP の生徒のニーズに関連する図書館の役割を共有する。

● 図書館利用のためのさまざまな Web2.0 アプリケーションを選定して導入し，教員がこ

れらの資料を教室で活用できるようにする。

● 生徒会（student council）として DP 生を支援する図書館をどのようにみているか，特に
生徒が使える施設や設備，なかでも G11 と G12 の生徒のための施設や設備について，
生徒会と話し合う。生徒が学校で娯楽や息抜きのために利用できる施設や設備について，
生徒と話す前に管理職と話しておくとよいだろう。校内の生徒のための施設や設備には
どのようなものがあるか確認することは，図書館員が図書館の運営方針を決めるのに役
立つ。

● 生徒が何をするのか，何をする必要があるのか，生徒が図書館にいる間誰が監督するの
かを理解し，図書館が校内で唯一の自習場所とみなされないようにする。

● G12 の生徒対象に，ストレス解消法に関する授業を行うことを提案する。図書館員が
ブレインジム（訳注：アメリカの教育学者ポール・デニソン博士が開発した，学習障害対策
として身心と感覚のバランスを取るための身体的な動きを活用したレッスン法）などの，脳
を活性化するためにゆっくり体を動かすことで活力を生み出すテクニックを教えるセッ
ションを主催してもよい。ブレインジムは，トレーナー認定資格コースがある特別なテ
クニックである。他にも，アレクサンダー・テクニーク（訳注：フレデリック・アレクサ
ンダーによって開発された上半身の緊張を解くことで心身の自由を獲得する技法）など使え
るテクニックがある（学校の演劇科目の教員に，そのようなテクニックのさらに詳しい情報
を教えてもらうのもよい）。

第7章

IBDP における教員，管理職および学校図書館員の役割

　本章では，IBDP に関わる大人，特に教員，管理職，図書館員の役割を説明する。本研究では，生徒に加えこれら大人の役割についても調査を行った。調査の目的は，IBDP に関わる大人がどのように生徒をみているかを確認すること，またその学習方針だけでなく，IBDP カリキュラムで役立つ図書館の支援（この支援には結果として生徒だけでなく，関係する大人への支援も含まれる可能性がある）をどう考えているのかの確認である。6 つの科目グループからそれぞれ教員を 1 人ずつ選び，インタビューを実施した。インタビューは，アクションリサーチの 2 年目にも再度行った。その他の教員にはプログラムのコア科目に関するインタビューを行った。生徒と同じく，インターナショナルスクールで働く教員も多様な国から来ているが，英語圏の国を母国とする教員が多いため，結局のところ背景とする教育学の理論に大差はなかった。

　また，教員自身の学校図書館体験についてであるが，教員養成プログラムの一環としての利用を記憶している教員は 1 人もいなかった。「図書館の教育的利用」に関する教育や意識について具体的に尋ねたところ，一部の教員が図書館の利用を調査と研究に役立つものと考える一方で，ほとんどの教員はそれを単に情報資源を提供するものとしか考えていないことがわかった。このような図書館利用に対する意識の低さはプログラムに参加している間だけでなく，その後の IB 教員向けワークショップを含む教職員研修においても同様であった。

　一部の教員は，定期的なものではなかったが，IBDP 生に課題を与える際に図書館を利用することがあった。このうち 2 人は生徒と一緒に図書館を訪れていた一方で，2 人は生徒に個別に調査しに行くよう指示していた。評価の基準は教員ごとにまちまちだった。しかし 2 人は生徒が参照した文献の情報を見ておく必要性に言及した。ある教員は，課題を行ううえで，生徒に学校図書館員の役割を明確に説明し，訪問前に学校図書館員と連絡を取っていた。別の教員は，過去に働いた 6 つのインターナショナルスクールで，学校図書館員との協働により自身の教育方法を発展させていた。さらに，彼は自分が担当する科目の内部評価のプランニングにおいても学校図書館員の協力を得ていた。しかし教員の中には，自分たちの役割が図書館のスペースや蔵書を直接利用することではなく，生徒の利用を促すことだと考えるものもいた。教員は，生徒が図書館の使い方を知っているものと考えていた。教員は，図書館の主な役割は，生徒が集中して勉強できる場の提供だと考えており，情報資源の利用は付随するものと捉えていた。

　一部の教員は，新カリキュラムで必要性を感じ学校図書館員と連携していた。例えば，

ある教員は「新たな小説についての授業をするときは，その旨を学校図書館員に知らせた。それに学校図書館員は対応してくれた」と述べた。生徒は，教員の教科準備室の資料や個人の蔵書も利用した。これらの蔵書が必要な理由の1つとして，学校図書館と教室との距離が挙げられる。図書館が教室から離れた場所にあることは，授業中に教員が生徒と一緒に学校図書館を利用できない理由の1つとして挙げられた。教員はまた，限られた時間内で内容の詰め込まれた授業を行う必要があるというプレッシャーもその理由の1つであると述べた。授業において，教員が生徒に図書館を利用させることはほとんどあるいはまったくなかった。

　学校図書館を自ら必要性を感じて使う教員もいた（たいていは英語または歴史の教員）。しかし他の科目の教員は一般的に，図書館が授業で利用できる情報資源を提供するとは考えていなかった。いくつかの科目分野（科学など）では，教科書だけでも十分なリソースを得られた。またグループ5の数学を担当する教員は，数学においてEEのための利用という唯一の役割を除き図書館の有用性を認めなかった。

　IBDPで成功するために生徒が必要とするスキルは，ほとんどの教員が，タイムマネジメントスキルが最も重要だと考えていた。一部の科目グループでは剽窃が問題となっていたが，学問的誠実性を促進するのは学校図書館員の役割であると考える教員は2人だけだった。

　教員が考える**学校図書館員**の定義はさまざまであった。彼らはリソースの管理，情報の普及，および情報リテラシーの側面に焦点を当てる傾向があった。しかし多くの場合，それに確信がもてなかったり，結論が出せなかったりした。学校図書館員は「リソースの利用方法を教える教育者」であり，リソースの利用において「教員と生徒を訓練する」役割をもつ学校の職員だと考えられていた。ある教員は上記の役割に加え，図書館員がスタディーホールの監督をする役割をもつことにも言及し，「学校図書館員は場の監督者としての役割ももっており，2つの役割を果たさなければならないのでたいへんな仕事だ」と述べた。

　翌年の教員へのインタビューでは，調査から浮かび上がってきたテーマ，すなわちさまざまな情報リテラシーに関するスキル，生徒のインターネット利用，IBDPにおける図書館の役割，および自習時間（自習室）と図書館の関係性に焦点を当てて聞き取りを行った。

　教員は，生徒にはもっと早い時点から効果的に情報を扱うスキルや，学校図書館を利用する経験が必要であると考えていた。ある教員は，IBDP生が背景調査を行ううえで明確な指示を求めていたりそれを期待していることに驚いていた。彼女は，自分が生徒時代にそうだったので，生徒も当然その方法を知っていると思いこんでいたのである。教員は，生徒が多様な情報資源を並行して利用できる能力を身につける必要があると考えていた。これには，いくつかのリソースから特定の情報を推定し新しい情報を作成できる能力，図書館の本がどのように配置されているかを理解する能力，および引用方法や参考文献リストの作成に精通していることなどが含まれる。全員が「生徒が図書館を利用できることが

必要であり，関連の情報処理スキルをもつべきだ」と認識していた。情報リテラシーという言葉が教員たちによって使われることはなかった。

　ある教員は，IBの学習者像として期待される生徒像と，情報を与えられ「手取り足取り教えられる」これまでの生徒の状況との間の乖離を指摘した。教員は，IBDPのコア科目だけでなく，すべての科目分野において参考文献リストを作成する能力が不可欠であると考えていた。科目グループのニーズを支援する図書館の有用性に関しては，教員の見解は科目ごとに異なっていたが，とりわけ人文学と自然科学の間に大きな隔たりがあった。しかし，図書館の有用性を認識していた教員は，自分たちが時間的なプレッシャーと内容の詰め込まれた授業に縛られていることに気づいた。彼らは，情報リテラシーに関する教育は，単に学校図書館員に任せるべきではなく，学校全体で行うべきものであると考えていた。一般的に，教員は生徒がインターネットに過度に頼りすぎていること，特に信頼性の高いサイトや関連サイト・関連コンテンツを探し出せないことに懸念を示した。また教員は，生徒のさまざまなスキルや批判的思考力にも懸念をもっていた。

　IBDPにおける学校図書館の役割については，EEの作成に関するものが多かった。例えば，学校図書館に来ればその場で利用可能であることや，学校図書館の外からも情報やリソースを入手できる学校図書館員の能力などが挙げられた。また，「人文学／文学」と「科学／数学」との間でも，学校図書館の役割に関する見解に相違がみられた。しかし，EEに関して学校図書館が果たす役割の重要性については，すべての教員が認めていた。

　「生徒は自分で情報資源を利用できる」と考えていた教員らも，その後1人が振り返って「このように憶測するのは簡単だが違っていたのかもしれない」と述べたように，検討の必要を感じたようだ。その仮定が正しいかどうかは，試してみる必要があった。

　教員は，生徒が学校図書館に赴くには理由が必要だと気づいた。だが，利用方法さえわかれば生徒は学校図書館の有用性を理解するだろうという考えもあった。それにもかかわらず，もし生徒が自習のために学校図書館を使うように指示されなければ，彼らは自分で学校図書館に行く気にはならない，あるいはそうするのは優秀な生徒だけだと教員は考えていた。ある教員の言葉を借りれば，生徒が学校図書館を評価するのは「教員が実際に学校図書館を有用な情報資源とみなし利用する」場合に限られる。この意見に同意する教員は多い。

　一部の教員は，IBDPカリキュラムの文書で学校図書館の役割について明示したり言及したりしていないことに懸念をもっていた。そうした文書に学校図書館の利用について触れていたかどうかを思い出せない教員もいた。彼らは，学校図書館の役割を明確にし，教員がそのような役割を支援し促進させる必要があると感じていた。

　彼らはまた，IBDPの科目に関するリソースを提供することで教員を支えるのも学校図書館の役割であると指摘した。ある教員は「私たちは生徒と同じ境遇にある」と述べた。教員は，担当する科目教育の必要性と，より一般的な専門的能力の開発に関する情報の必

要性を区別していたが，特に国際教育および国際教育学の分野においてリソース提供の重要性を指摘していた。ある教員は，「図書館で気に入っていることの１つは，最新情報を伝える学術情報の記事を読めることだ」と述べている。全体的に，教員は自分の学生時代やキャリアの初期における学校図書館利用経験に影響を受けて，学校図書館の役割を定義づけていた。

管理職は何を考えたのか

　本研究の２年目に，この学校の管理職２人にも個別インタビューを行った。彼らには，本研究から生じたテーマについて，グラウンデッド・セオリーに基づいて話してもらった。

　IBDP における学校図書館の役割について，管理職は「直感」と観察に基づいて具体的継続的に評価していた。１人が，学校図書館は「静的な状態に留まっている余裕はない。ニーズ，数，テクノロジーに応じて対応を変えなければならない」と考えていた。理想的には，学校図書館は IBDP 生専用のものとして支援するべきだが，実際には（K-12 の）学校全体に１つの図書館しかないため，異なるニーズをもつ人々や，異なる学年グループも同時に図書館を利用するので難しいと考えていた。

　管理職は２人とも，IBDP における学校図書館の一番の役割は，EE に関することだと考えていた。加えて「学校図書館および学校図書館員がディプロマの個々の授業および科目グループに与える間接的な影響」という潜在的な役割もあると考えていた。このような学校図書館員による影響は，個々の教員または科目との１対１のコミュニケーションで行われる可能性が高いため全体像を把握できるのは学校図書館員だけだろうと述べた。

　２人は，学校図書館員は生徒と教員の両方に対して自立した学習スキルのモデルとなるべきで，学校の雰囲気を望ましい方向にもっていくように「図書館がそれを先導するべきだ」と強く考えていた。調査・研究の面に関しては，詰め込んだ内容を伝えるだけの教科書依存の教育・学習環境に加え，教員の調査・研究プロセスに対する経験の欠如が，IBDP における学校図書館の役割を制限しかねないと指摘した。

　２人とも，教員や生徒と同様に，少なくとも平均的な生徒がディプロマプログラムを修了するためには，タイムマネジメントスキルと組織力が重要な要素であると考えていた。G11 と G12 の生徒全員が IB 生となる学校の管理職として，彼らはディプロマプログラムがすべての生徒に対して適切なカリキュラムであるという強い見解をもっていた。

　予想したとおり，管理職は２人とも，全体的な学校の状況と学校図書館の概要について積極的に語った。１人が，特定の議題や問題と関係なく学校のサービスについて話すのは新鮮な経験だったと述べた。彼らは図書館の文化的価値を認識しており，図書館というイメージが与える心理的影響にも気づいていた。１人は，図書館情報学のインパクトスタディが学校図書館のイメージに影響を与えようとしていると指摘したが，実際には教育問題に関して測定すべき変数を分離することが難しいため，学校図書館と生徒の学力との因果関

係を特定しようとする研究には懐疑的であった。そのため，学校図書館はたしかに変化しつづけてきたが，これは学校図書館員の努力，方針，そして仕事によるところが大きいと考えていた。一方で，管理職は2人とも，学校に学校図書館を統合するために必要な「哲学」を構築するのは管理職の仕事であって（援助は必要ではあるけれど）学校図書館員の仕事ではないと考えていた。またそれゆえに，学校における学校図書館の活性化と教員の利用を奨励するのは，管理職の役割だと考えていた。

IBDP を実施する学校の図書館にはどのような問題が起こりうるか

　まずは，特定のカリキュラムが学校図書館にどのような影響を与えるかという問題からみていく。教員がどのように教え，生徒がどのように学ぶかということが，学校図書館にも影響を与える。本研究調査対象の生徒は，特に IBDP の2年目に，内容が詰め込まれた講義形式の授業をたくさん受講する必要があった。教科書への依存度も1年目より高かった。科目の内容を網羅すべきというプレッシャーにより教員は時間的な余裕がなく，課題で図書館を利用させることが困難だった。

　内容を伝えるだけの授業は，学校図書館の利用を減少させるだろうか。カイバーグらは，IBDP の授業内容における，講義形式の授業の比率および教員の時間的プレッシャーについて調べた（Kyburg, Hertberg-Davis, & Callahan, 2007）。そしてヴァンダーブックはそれが無視できないほど大きいことを発見した（Vanderbook, 2006）。このプレッシャーは特に最終試験時に集中した（Stobie, 2007）。この傾向は IB に限ったことではなくウィリアムとウェイヴェルが他のカリキュラムでも発見したように16〜18歳の生徒に内容を伝えるだけの授業にも当てはまる（Williams & Wavell, 2006）。そしてこのような教育の結果，授業での学校図書館利用が減少している可能性がある。

　教科書の使用は学校図書館の利用を減少させるのか。コース内容を生徒に教える一般的な手段としての教科書使用が，学校図書館の利用とその有効性に影響する可能性がある。教科書が使用されると，特にコースの1年目には教科書が広く使われることとなり，生徒はこの教科書を使って勉強をするのだという考えになっていくため，授業課題やその他の学習をする必要が出たとき，他の学習方法，特に研究方法の知識や経験が不足する。生徒は教科書を信頼しており，学校図書館で生徒を観察すると，ほとんどは自分の教科書を自習室に持ち込んで勉強しているだけで，その他の情報資源はまったく利用していない。インタビューで，生徒は，最も重要な情報源は教員と教科書であると答えている。IBDP に関する研究ではないが，この結論はラトローブとヘイブナーの研究からも読み取れる（Latrobe & Havenar, 1999）。スプレッドベリーとスピラーは，イギリスの学校における教科書の提供と利用は，学校図書館の利用を阻害していると結論づけている（Spreadbury & Spiller, 1999）。ラフストは，学校図書館を勉強の場として利用している生徒たちは，自分の教科書を持ち込んでいるだけであると指摘した（Rafste, 2003, 2005）。こうした場合，提供さ

れた十分な資料があればよい成績を得ることができると考えられるため，生徒はそれ以上の情報が必要だとは考えない。こうした結果が示唆するのは，世界中の多くの学校で同じように，構成主義的な教育カリキュラムよりも，豊富な内容を伝えるだけのカリキュラムの環境が蔓延している可能性である。IBDP の教育方法に関わるこの問題は，管理職のインタビュー結果にも現れている。管理職は，その有用性には限界があると認識しつつも，教科書の使用は非構成主義的なカリキュラムにおいて有効な手段であり，教員と生徒の双方にとって有益な情報資源であると考えていた。

　IBDP が G11−G12 の生徒全員を対象とした標準コースであることが生徒の学校図書館利用に影響する要因なのか。能力の低い生徒にも大量の学習内容を迅速に教える必要があることは，生徒の学校図書館利用を制限するかもしれない。IBDP のプログラムは，学力の低い生徒には適しておらず（McKenzie, 2001），優れた能力をもつ生徒全員に適しているわけでもない（Kyburg et al., 2007）。しかしながら，IBDP を全校共通の標準コースとして設定している学校もある（Mc-Cluskey, 2006；Rataj-Worsnop, 2003）。本研究でインタビューを行った管理職は，IBDP はほとんどの生徒が達成可能であると考えていた。インタビューを行った教員も，おおむねこの見解を支持した。ただし，低学力の生徒や第二言語としての英語（ESL）または習得言語としての英語（EAL）クラスの生徒の達成可能性に関しては多少の懸念を抱いた。同様の懸念は，教育スタイル・期待されるスキル・達成度に与える IBDP の影響に対する研究だけではなく，アメリカの（能力混成方式の授業に関する）研究結果でも示されている。この研究では，低学力の生徒に対しては教員による相当な支援の必要性が示唆された（Burris, Weiner, Wiley, & Murphy, 2007）。そのため，低学力の生徒が学校図書館にアクセスし学校図書館を効果的に利用することは難しい可能性がある。

　教員が考える IBDP において重要な学校図書館の支援とは何か。インタビューを受けた教員の中には，学校図書館が IBDP の科目グループを支援する役割を担うと考える者もいたが，その認識は科目によって異なっていた。教員は，学校図書館が果たすべき役割はグループ2および4（言語および科学）では限定的だと考えており，グループ5（数学）にいたっては，役割は何もないと考えていた。全体として，教員はおおむね，学校図書館の役割は主に EE と TOK エッセイに関するものだと考えていた。だが，EE の支援が学校図書館の主な役割である場合，より広い文脈からみて，一部の科目の修了をめざすのと比較して，どれくらいの生徒がフルディプロマ取得をめざす選択をするのかを明らかにすることが重要である。なぜなら，一部の科目の修了のみをめざすことを選択する生徒の比率が大きいのであれば，それらの生徒は EE や TOK エッセイを書く必要がなく，学校図書館の支援を必要としないかもしれないからだ。

　一部の教員は，自分たちの役割は学校図書館の情報資源を生徒と一緒に直接利用することではなく，個々の生徒の図書館利用を奨励することであると考えていた。このように，本研究によって，教員が図書館を直接的にも間接的にも利用していることが明らかになった。

教員は，生徒に課題を完成させるために学校図書館や学校図書館員のサポートを利用するか。これは最も直接的な利用方法である（つまり，教員が明確な目的をもって授業で学校図書館を訪れるのだ）。生徒は，DP 生のときは，課題を完成させるために学校図書館を時々利用していたと述べた。一方，教員が述べた利用頻度はまちまちだった。図書館利用を課題に組み入れた教員もいれば，2 年間のコースの少なくとも（時間的プレッシャーがかかる前の）初めのうちは定期的に利用していたという教員もおり，それ以外は不定期に利用していた。また一度しか利用していないという教員もいた。ノルウェーにおける，ある IB-DP 認定校を調査対象としたラフストの調査によると，教員は自分の教授法に学校図書館利用を含めることを自分の役割だとは考えておらず，生徒に学校図書館利用を奨励もしていないことがわかった（Rafste, 2003）。

教員はどのようにして生徒に学校図書館の利用を促せるか。本研究に参加した G12 の生徒は，学校図書館の利用を奨励したのは英語科だけだったと述べた。これは，オーストラリアのヘイによるインパクトスタディの結果（Hay, 2005, 2006）と類似している。生徒の学年が進行するにつれて教員の奨励が減少していくことは，他の研究結果（McLelland & Crawford, 2004 ; Spreadbury & Spiller, 1999）とも一致している。だが一方で，教員の図書館利用の奨励の有無は，生徒のその科目の履修状況に影響を与えていた。これらの研究では，ほとんどの教員が生徒に学校図書館利用を奨励することはないことがわかったが，その理由は明らかにされていない。しかし，本研究における生徒の 1 人は，教員は生徒が特に奨励されなくとも学校図書館を利用すると考えていると述べた。これは教員のインタビューから得られた結果とも一致する。ストリートフィールドとマールデスは，イギリスの学校図書館は，校内の教員個々の教育法を反映させたほうが，1 つの望ましい教育法に基づく図書館モデルを開発しようとするよりも，より効果的に運営できることを明らかにした（Streatfield & Marldess, 1994）。図書館情報学の枠組みに則っただけの教育法である場合はなおさら効果が薄い。本研究でも，教員は担当科目の分野に関係なく，それぞれ多様な働き方をしていることが明らかになった。一般的に教員が学校図書館の利用を生徒に奨励していないことの影響の 1 つは，アメリカのインパクトスタディ（Callison, 2005）で明らかになったように，生徒が G10 になるまでの間，学校図書館利用が明らかに減少しつづける傾向に現れているかもしれない。本研究では，教員は，学校図書館を全面的に支持しており，生徒は学力や ICT スキルのレベルに関係なく，図書館の利用スキルをもつことを前提としていた可能性がある。しかしインタビューを通して，教員は，生徒の能力には差があり，効果的に図書館を利用可能な生徒もいるが，それは全員ではないことをある程度理解していることがわかった。本研究における教員の学校図書館に対する見解は，オハイオ州の教員が学校図書館について述べた肯定的見解と一致する（Todd & Kuhlthau, 2005b）。ただし一般的に，教員が考える学校図書館は生徒と学校図書館員の関係のイメージであり，教員自身と学校図書館員の関係のイメージではない。

教員は学校図書館を直接的に，また個人的に利用するのか。利用している場合，教員を学校図書館利用者のロールモデルとみなすことは可能か。教員は当然，学校図書館を自分の情報や興味のために利用できる。だがベクホルストとヴァンヴィーンは，オランダの大半の学校図書館が教員のための情報資源を提供している一方で，実際に利用できる資源は限られていることを発見した（Boekhorst & van Veen, 2001）。筆者の研究では，学校図書館がIBDP科目の教員に情報資源を提供できるとすれば，科目グループ1，3，6の教員にのみ有用であるとみられていることが明らかになった。一部の教員は，自分たちにとって有用な情報資源は生徒も利用できるし，実際利用されうると考えていた。このように，学校図書館の役割については，やや限定的な見方がなされていた。ウイリアムズの研究は，学校図書館員が教員の専門的なニーズ（例えば，教育学や教育の研究やトレンド，特に新しいアイテムを知らせる図書館サービス）を支援する役割やサービスを推進すべきだと勧めており，こうした教員向けのサービスは価値があるとみなされている（Williams, 2006）。本研究では，教員の学校図書館利用状況を観察した結果，教員も自分の娯楽や個人的なニーズのために学校図書館を利用しており，それが生徒の図書館利用のモデルとなっていることがわかった。

　教員は教育戦略としての学校図書館利用について教育を受けてきたのか，また彼らの学校図書館体験はどのようなものか。インタビューでは，教員は初期の研修プログラムや継続的な専門的能力の開発プログラム（例えば，IBOが提供するワークショップなど）において，学校図書館の教育的利用方法を検討し，学校図書館をどのように授業スタイルに組み込むかについて教わったことを覚えていないと述べた。そのため，学校図書館を効果的に利用するために生徒が必要とするスキルについての認識が乏しかった。教員の中には6つのインターナショナルスクールで6人の学校図書館員と働いた経験がある人もいたが，ほとんどの教員の学校図書館に関する経験は，自分の生徒・大学時代のものに留まっていた。オルンが南アフリカの教育研修生を対象に行った研究では，被験者が学生時代における図書館利用の経験が乏しいため，教育学的実践の基礎となる学校図書館のモデルや期待をもっていないことが示唆された（Olen, 1995）。アスリンは，カナダの教員養成教育コースでは学校図書館に関する教育はほとんど行われていないことを指摘している（Asselin, 2005）。一方，ヨーロッパの教員養成コースでは，情報リテラシーに対する意識を高める必要性が理解されてきた（Merchant & Hepworth, 2002；Rafste, 2005）。しかしながら，ウィリアムとウェイヴェルは，「情報リテラシー」という用語は図書館情報学の分野では一般的に使用されているものの，主流の教育現場では使用されていないと指摘している（Williams & Wavell, 2006）。そして，この用語は一般的な教育学的理論とは呼べず，学習に対する構成主義的アプローチを前提としており，特定の学校では一般的な教育形態ではない可能性があると結論づけている。実際，ストリートフィールドとマークレスが指摘したように，1つの学校に一度に適応できる教育方法には限界がある（Streatfield & Markless, 1994）。

学校の教職員は，IBDP と関連して学校図書館をどのように評価しうるのか。本研究において，調査は主に管理職のインフォーマルかつ継続的な観察と「直感」によって行われたが，図書館の評価は（エバハートによるニューヨークの校長に関する研究（Everhart, 2006）でも示されたように），特に IBDP のニーズとは関係がなかった。教員は，学校図書館に対する正式な評価をしなかった。図書館に対する教員の認識は，主にその担当科目の専門性に左右されており，図書館の利用方法や価値はそれに基づいて決定されていた。IBDP 教科についての公式文書には，教員に対して学校図書館の評価を促すような記述はなかった。興味深いことに，インタビューに先立ち，ある管理職が生徒の成績と学校図書館との間に因果関係があることを発見したインパクトスタディの報告を読むように求められたところ，その研究論文をおもしろいと感じたものの，発見には納得できなかったという。彼は，生徒の成績に影響を与える要因は，学校図書館だけでなく，他にも多々あると考えていた。彼は，この報告書は学校図書館関係者だけに読まれる可能性が高いと考えていた。だがインパクトスタディの研究者らは，管理職にこそ研究結果を読んでもらう必要があると指摘している（Callison, 2005）。実際プラット（Pratt, 1994）とモンティル=オーバーオール（Montiel-Overall, 2005）の研究によれば，主流の教育学的文献と学校図書館員に関する文献との間に影響関係がほとんどないことが明らかになっている。

　学校図書館は教員にどのような影響を与えるのか。インパクトスタディはほとんどが生徒の成績に焦点を当てているが，ファーマー（Farmer, 2006）は，学校図書館は生徒よりもむしろ教員により影響を与える可能性があると述べている。本研究においては，多くの教員がさまざまな理由で学校図書館を利用していたが，この結果はアメリカの KRC リサーチ（KRC Research, 2003）による研究結果とは食い違っている。KRC リサーチの調査では，教員は生徒にとっての学校図書館の価値を認めつつ，自分が学校図書館を利用することはほとんどなかったと報告している。教員には，学校図書館の利用に関してある種の信念構造があることがわかったが，それをモデル化するには至らなかった。一方，IBDP 研究で実施した観察とインタビューも，それほど多くのことは明らかにできなかった。全体的にみて，間接的潜在的影響を除けば，教員に最も明白な影響を与えた学校図書館の役割とは，仕事に利用できる場所あるいはリソースを借りられる機能だった。

学校図書館員はどのように考えているか

　学校図書館員に対しては，グラウンデッド・セオリー・アプローチにおけるメモ技法を用い，考えを簡潔に書いてもらうことで調査を進めた。この方法以外では，学校図書館員の実践者研究において，このような語りを得るのは難しいだろう。半構造化インタビューを用いたメモ技法では，学校図書館員は特定の時間枠（30 分）で回答を書き，それ以降の書き直しはできず，限りなく自発性に近いものとなっている。以下に示す学校図書館員の懸案事項に関する記述は，生徒・教員・管理職の調査から明らかになった結果を裏付ける

ものだった。

1. 学校図書館における自習の監督は日常的に行われる重要な業務の1つである。

2. 学校図書館における ICT の利用者は少ない。

3. 例外はあるものの，全体的に各科目グループによる学校図書館利用は少ない。

4. 生徒への教科書の提供は，学校図書館利用の頻度に影響を与えている。

5. IBDP 科目資料の作成において，学校図書館および学校図書館員が利用されること
はない。

6. 教員と学校図書館員との間で，何らかの協力ややりとりはあった。

7. 教員への情報提供サービスが優先され，評価されていることがうかがえる。

8. IBDP において，学校図書館と学校図書館員の主な役割は，EE の作成に関するも
のだった。

9. 学校図書館員が TOK の教員であり，また学校図書館で CAS の活動／計画も監督
していた場合に限り，コア科目の支援ができる。

10. テクノロジーの利用は，学校図書館と学校図書館員のイメージを教員の間に広める
ための主要な手段として，生徒とのコミュニケーションと同じくらい，またはそれ以
上に重要である。

　ディプロマプログラムにおける学校図書館員の役割を調べた研究は存在しない。では，
本研究において，IBDP コミュニティーは学校図書館員をどのように評価したのか。IBDP
における学校図書館員の役割がどのようなものであると考えたのか。

　教員が学校図書館員の定義を求められたとき，何人かは情報資源の提供と専門知識に結
びつけた。一方で，多くの教員が明確に答えられなかった。これは一部には，教員の学校
図書館員経験を反映していた（Williams（2006）の研究も同様の結果を明らかにしている）。
教員の学校図書館員経験には，現役の教員としての経験だけでなく，生徒時代における学
校図書館員との経験まで含まれていた。これは注目に値する。KRC リサーチ（KRC
Research, 2003）も報告したように，生徒は学校図書館員に対してステレオタイプな見方
をしているからだ。本研究において，学校図書館員の特定の資格や専門的経歴または身分
について言及した教員はいなかったが，一方で，同僚の教職員としてふさわしい個々の特
徴や資質については明確に述べていた。ゆえに，学校図書館員の正式な資格や経験よりも，
教員が採用した教育方法に合った個人的資質のほうが重視されるのかもしれない。国際的
なカリキュラムにおいて，学校図書館員の呼び名や教育方法は国によって異なるという事
実は心に留めておきたい。なぜなら，IB の目的のためだけに（国単位の）統一的システム
の採用はできないからだ。ターナーは「専門機関による勧告があるとしても，実際のとこ
ろ学校図書館にどのように職員を配置すべきかについての決定的なモデルは存在しない」

（Turner, 2007, p.12）ことを明らかにした。実際，オバーグおよびロイズとブラウンは，教員と学校図書館員が効果的に自身の役割を果たすための重要な要素は個人的資質であることを明らかにした（Oberg, 1995；Roys & Brown, 2004）。この個人的資質には，前向きな態度や積極的な態度が含まれる（Henri & Boyd, 2002）。

　多くの生徒と教員は，学校図書館の蔵書と電子資料両方の情報資源を探し，特定する手助けをする，支援者としての学校図書館員の役割を強く認識していた。また教員全員が，学校図書館員の役割は主に EE の要件に関わるものだと認識していた。他に学校図書館員の事実上の役割と認識されていたのは，学校図書館のスタディーホールの時間の生徒の監督だった。

　本研究によって，学校図書館員と科目教員との間に連絡や協力はあっても，真のコラボレーションと呼べるものはないことがわかった。この点は一部の学校図書館に関する研究の結果と一致しない。コラボレーションに関する専門的な論文はたくさんあるが，ではコラボレーションとは具体的に何をさすのだろうか。そのような論文は，生徒が十分なスキルを身につけ，カリキュラムの中で学校図書館を効果的に利用するためには，学校内に適切で強力なコラボレーション体制が必要だという信念に基づいている。しかし，教員がこのような概念を受け入れることができるかどうかはわかっていない（Todd & Kuhlthau, 2005b）。トッドらは，エビデンスに基づく実践研究におけるインタビューで，コラボレーションは稀にしか起きず，教員はそれを自分たちの役割の一部とは考えていないという事実を示唆した。コラボレーションの概念は，図書館員同士の間にかなりのプレッシャーをもたらしたことも指摘されている（Kenney, 2006）。モンティル=オバーオールは，コミュニケーションから協力，そして最終的にはコラボレーションに至るまでの学校図書館員と教員との相互作用を，いくつかのレベルに段階分けした（Montiel-Overall, 2008）。その結果，小学校レベルにおけるコラボレーションの例はいくつか発見したが，高校レベルでのコラボレーションの事例は発見できなかった。

結論

　以上から，本研究は以下のようなグラウンデッド・セオリーを導いた。

　学校図書館が IBDP に与える影響の要因には，いくつかの種類がある。学校図書館に対する教員の意識と熱意，および生徒に学校図書館を利用するよう奨励する教員の影響力は非常に重要である。しばしば，学校図書館に対する教員の認識と価値観は，生徒だったころの経験を含む教員自身の過去の経験に大きく影響されていた。教員は，教員養成プログラムの初期または全体を通じて，学校図書館の有用性を認識できなかった。また，IBDP のカリキュラムの資料においてもその有用性が強調されることはなかった。そのため，学校図書館の役割の定義は個々の教員に委ねられている。しばしば，生徒は教員の指示に従って学校図書館を利用していた。また，教員が教えた学校図書館に関する価値観をそのまま受け入れていた。教科書の使用は，生徒が学校図書館を利用して関連する情報資源を探す可能性を大きく阻害していた。生徒は，

学校図書館を主に勉強の場として利用していた。本研究における学校図書館員は，学校図書館の役割を，図書館情報学分野で支持されている役割よりもむしろ，個々の教員と生徒がもつ多様な認識と価値観に関連づけようとしていた。学校図書館に最も期待されている役割は，EEの作成に関わるものだった。

学校図書館員のための実践的戦略

- 校長やその他の管理職が学校図書館に関わるならどのような役割となるかを考える。
- 教職員の各担当科目と専門的能力の開発の両面から，学校図書館へのニーズを考える。
- 学校図書館がどのように使用されているかを確認するために簡単な観察を行う。
- 特定の生徒または職員へのインタビューを含む，公式または非公式の調査研究を学校図書館で実施する。
- 学校図書館の授業利用パターンについて科目ごとに考える。
- IBDP の学校に勤務する場合，何を優先すべきか熟慮する。自分の役割は何か。自分の目標を達成するうえで，困難やチャンスとなるものは何か。

第 8 章

利用者に焦点を当てた学校図書館

　この章では，学校図書館がどのように教員と生徒に利用されるかに焦点を当てる。図書館は「静的な場所」ではない。図書館員が IBDP のコミュニティーに必要な貢献をする，躍動的な場所である。

 図書館と図書館員の利活用

　探究を志向することで学習者の質とスキルが向上するカリキュラム，その支援を可能にする図書館のさまざまな利活用について意見を出し話し合うことは，どのように図書館が活用できるかを検討するときに役立つだろう。このような筋書きがあれば，学校図書館員は，以下のようなことを促すことができるだろう。

- 図書館は，学習者の自信や意欲の成長を支援する，快適で落ち着ける環境になる。
- 図書館は，課業時間中に加えて放課後も生徒が利用できる施設に指定されるべきである。
- 図書館は，紙媒体，電子媒体，視聴覚など，あらゆる形態の，幅広い認知レベルに対応する情報を提供すべきである。
- IBDP は，（図書館員その他が支援する）生徒の学習の機会をつくる。生徒は自分自身が興味関心をもつ読み物資料を選ぶ際に，選択，判断，責任を行使する機会をもつことになる。図書館内で何をするのか自分で決定する責任をもち，今必要とする情報の有用性を評価するための判断力を養うことになる。
- 図書館員は，授業利用や個人利用のために複数の空間を提供する。
- 図書館員は，小さなグループがリサーチし読み書き討論し評価するための空間を提供する。
- 図書館員は，その学校の生徒たちがもつ文化を反映し，価値をおく資料のみならず，他の文化，生き方，価値に対して心を開かせるようにコレクションを常時最新のものにすることをめざした資料選択を行う。
- 図書館にさまざまな言語の読み物や代表的なコレクションや二言語で書かれた言語資料を置くことを通して，図書館コレクションが学校のコミュニティーの母語または家庭語に対して一定の価値を示すことになる。
- 図書館員は，生徒が自らの問いに対する答えを探し出し，学んだことを振り返ることができる環境づくりに努める。空間は，生徒にとって必ずしも静かである必要はないが，通常，静かな落ち着いた雰囲気が提供されるときに，大いに活用され，評価されるよう

に感じる。

このような方法で図書館の活用を促すことで，教育的利用において教員との連携が深まるだろう。この見返りとして，生徒との協働の機会が増えていく。

学校図書館の教育的利用とは何か

学校図書館の教育的利用という概念については，第7章で，IBDP 図書館研究プロジェクトにおける教員インタビューの質問に関連して言及されている。教育的使用とは何か，教員はどのようにしてそれが可能なのか。

おそらく，誰もが学校図書館が何のためにあるかを知っていると思っている。通常，学校図書館は「よいもの」としてみられ，学校内で望ましい，快適な場所であると考えられている。しかし，教員にとって学校図書館が何を意味するかについては，ほとんど言及されていない。例えば，教員養成課程や IB ワークショップなどの現職教員向けの研修では，図書館の利活用が教育的なツールの1つとして教えられていない。このような図書館の利活用に関する提案がないことは，主な読者が教員である IBDP カリキュラム情報にも当てはまる。教育についての研修の場で学校図書館について言及がなければ，教員の意見は自らの学校図書館の経験に基づいたものになる。これは，教員自身が生徒だったときの経験に基づくことを意味し，ともすれば，極度に時代遅れの学校図書館の経験になりかねないし，いくらかの図書館の利用経験があったとしても近年の実践ではないかもしれない。

IB プログラムにおいて生徒向けの課題をつくる際，教員と図書館員は協働すべきである。そうすることで，IB の学習者像の文書で推奨されているような，学習プロセスに関わる大人のスキル・知識・視点の価値が共有できる。図書館員が，教員と図書館員のコラボレーションを促すための提案事項を示す。

● コミュニケーションをとる。ただ単に，資料のリストを求めるのでなく，協働によりどのように教えと学びの状況の手助けになるかを教員と話し合う。経験を最大限に活かす鍵となる言語は「話す」ことである。**対話が必要**。はじめのうちは，長く複雑な話をする必要はない。学校でのコミュニケーションは，おそらくどこかに移動する途中など，隙間の短い時間で行われることが多いものだ。長い会議を予定するよりも，短くてもよいので，定期的にコミュニケーションをとるほうがよいだろう。

● 必要に応じて新しい資料を購入する。特定のプロジェクトでは，新しい資料を購入する必要がある場合もある。図書館員は，柔軟に資料に対応するように訓練されているのだから，図書館の蔵書や学内の既存の資料，市販・オンラインで入手可能なものの利用の提案ができるはずだ。

● 生徒が時間をかけてテキストや情報を利用するスキルを身につけていく必要があることを知る。他の学びの状況と同じく，図書館の中だけで起こるのではなく，計画したり，

議論したり，探究過程を大事にすることで生じるのである。

● もし学校図書館員がフォローを十分にしない場合，課題や活動の場での利用が期待どおりには得られないこともあると肝に銘じよう。図書館が課題やプロジェクトに対して答えることができる適切な資料を備えているか，適切な量でかつ適切なレベルの資料を揃えているか，教員と確認すべきである。

● 情報探索者としての役割を示す。図書館のコレクションは主に生徒向けだろうが，教員研究用の資料のように，学校コミュニティーの大人，スタッフ，保護者のニーズに特化したセクションもあるだろう。定期刊行物，新聞，データベース，一部のテキスト資料などのほかの図書館資料は生徒と同じく大人も利用できる。生徒のための図書館のあり方を設計することで，図書館員，教員，その他の大人が，生涯学習の概念とIBの学習者像を備えた価値あるロールモデルを提供する。

どのように図書館の教育的利用を促進させるのか

図書館の教育的な利用を促進するには，教員に図書館の利活用について話すことである。教員が授業で図書館を使わない理由を探ってみよう。教員が，時間がない，自分の役割ではない，授業や教材として学校図書館をどのように使ったらよいかわからないなどと口にしたら，そこに障壁がある。職員会議や校内研修（もう少し小さいグループへの働きかけから始めたいなら教科会議）などの機会にこの問題を取り上げることで，教員のニーズを知ることができ，図書館の利用方法を変えるために教員との協働に興味があると伝えることができる。短時間でまとめて次の質問を投げかけ，議論の流れをみてみよう。

1. 教員免許を取る課程や過去に参加した教員研修で，学校図書館はどのように教育的な利用がされていたか（こうした質問は質問紙で問うことも可能である）。
2. 教員は，教育実践や教育方法においてどのように学校図書館を利用できるか。
3. 学校図書館を利用する利点は何（だった）か。
4. 学校図書館を利用する障害は何（だった）か。
5. 学校図書館の利用によって生徒が受ける恩恵は何か。

このような議論をすることで，参加者である教員に自分の学校図書館についての経験・アイディア・関心がどんなものかに意識を向けさせることができる。また，教員がどのように図書館をみているかを知ることができ，図書館の利用を広げるための実践的なステップや貢献への可能性の認識など，よい実践例が出てくることが期待できる。

この結果として少しでも専門的な能力開発につながるのであれば，図書館のさまざまなデータベースの紹介，教えを支援するために特定化されたコレクション，書誌の作成，剽窃を防ぐための手法などを提供できるように準備しておくべきである。

📖 図書館の環境

　最適な図書館の環境は，IB の「学習者像」文書が謳う資質やスキルの諸要素を実現したり，発展させたり，学問的誠実性の要件を満たすことに貢献できる。これは，生徒と教員にとって有用な資料が何であるかを見極めることも含む。入手可能な資料の書誌を提供することは，情報内容とレベルに関する情報などの注釈を付けて提供する際に役立つ。図書館で利用可能な人気雑誌のリスト，データベースについての定期更新情報の URL は，教員や生徒のためのしおり，配布物や電子情報に掲載すべきである。

　その他の「リソース」には，デジタルカメラなどの機材や録音・複製施設などがある。ときに，図書館は授業の集大成を「プレゼンテーション」する場として使われる。学校図書館員が真に力を注ぐべき点は，発見，探究，学びが行いやすい環境を提供することだ。それにより生徒は教室での情報の扱い方について学ぶ経験を通して力をつけることができるのだ。図書館は，生徒に自分で情報ニーズに対応する自信を与えることができる。

　利用可能なリソースが使われ，それも賢く使いこなされるには，図書館員が「情報リテラシー」に言及することが重要かつ有用だ。位置情報や機器操作のスキルは大事であり，より見えやすい部分ではあろうが，批判的思考や分析など，抽象的なスキルのほうがより重要である。それらのスキルが，学校図書館で生徒が得られるものだと認識されるように，教員，生徒，その他の学校に関わる人々の理解を変えること，これは学校図書館員にとって 1 つの挑戦である。

📖 図書館員のための実践的な戦略

● 管理職，教員，保護者に図書館に来てもらい，そこでの情報利用方法のモデルになってもらう。

● 図書館ポリシーや運営指針をつくる。策定にあたり，図書館に対する利用者の期待を見極める必要がある。また，その文書は教職員向けの主な学校のハンドブックなどに含まれ，学校全体のポリシーだけでなくカリキュラム文書にも含まれるべきものである。

● 学校図書館に，効果的で明確なイメージを喚起する名称をつける。その名前に「図書館」という言葉を含むか／含まないか（例えば，リソースセンター，学校図書館メディアリソースセンター，学習リソースセンターなど）。頭字語を使用しているか。繰り返した語を用いて意味が不明瞭にならないか。英語を母国語としない生徒にとって，この名称がどの程度深く理解できるかを考えてみよう。彼らの言語で図書館を表す言葉は何であるかを考えてみよう。さまざまな理由で図書館という言葉の代わりに別の用語が使われている。学校の人たちは，日ごろ図書館のことを何と呼んでいるか。正式名称と違いがないか。

● 図書館の施設がキャンパス内のどこにあるかを考えてみよう。学校の中心にあるか，または学校の人々が容易に赴ける場所にあるか。よりよい場所があるとすれば，移転させることは可能か。学校の管理職や教員が図書館に期待する目的に適しているか。図書館

の場所は，学校のキャンパス全体にわかるように案内表示がされているか。図書館は学校の文書の中で言及されているか。そして学校のウェブサイトで図書館の施設とサービスについて簡単にみつけることが可能か。

● 容易にアクセスできる学校図書館独自のウェブページがあるか。頻繁にアップデートされ，興味深いコンテンツがあり，世界中のリソースにつながっているか。

● 学校図書館の利用時間について考えてみよう。学校図書館の利用者にとって，利用可能な時間帯はいつか。学校の課業中またはそれ以外も一日中ずっと開館しているのか。

● 図書館にどんな人員配置がなされているかを考えよう。資格と経験があり，児童・ヤングアダルト文献に精通し，あらゆるレベル・年齢の生徒のニーズに応えられる，リサーチと情報の専門家を配置しているか。その人物はフルタイムの雇用か。補助的なスタッフか，専門家か。図書館員の職名は何か。その職名は，図書館員の仕事を正確に表しているか。

● 学校でどのようにすれば図書館の発展と改善が可能になるのかを考える。管理職が長を務め，全教職員から選ばれたメンバーで構成される委員会はあるか。

● 図書館の「諮問委員会」がない場合は，図書館の使われ方を評価する人を考える。評価は，体系的に行われているか。

● 学校で，どのように図書館に関する正式なコミュニケーションが行われているか。例えば，全体会議，教員会議，教科会議などを通して行われているか。

　以下は，IB自体（ワークショップリーダーとして参加する教員や，科目の文書を修正するためのワークグループを支援する教員へ向けて）に対する提案である。

● IBDPの科目およびコア科目のワークショップリーダーは，ワークショップの本質的な要素に，探究の場としてふさわしい図書館の利活用の重要性を含めるべきである。IBDP教員にとって，有効・教育的な実践として，図書館の利活用を促すことの重要性を強調すべきである。図書館の利活用が明確に説明されていないと，時代遅れの考えが優勢になる可能性がある。

● IBカリキュラムの文書の中に図書館の利活用に関する記述が含められるべきである。なぜなら，IB校への申請に関する文書（図書館の基本情報のみの記載にとどまりがちである）よりも，教員が定期的に見る文章だからである。

第9章

IBDP 校の図書館と図書館員の役割

学校図書館員は，IBDP 校の図書館に IB が求めるものが何かをまずは知りたいと考えることが多い。しかしながら，IB が提供するガイドラインや具体的な図書館の基準は存在しない。このことは，図書館員にとっては驚きであろう。

 学校図書館と IBDP に関する役割声明は必要か

IB の図書館についてのガイドラインが存在しないために，よくこのような問いかけがなされる。学校図書館の機能と提供に関する記述は，長年にわたってさまざまな国の図書館情報学の分野で，そして国際的にも慣れ親しまれてきたものであるから，ガイドラインがないことは不思議である。では，なぜ IBDP 校の学校図書館員は，学校図書館についての声明の必要性を感じるのか。

そういった文書は，図書館情報学の世界の専門家集団によってつくられることが多く（カナダやニュージーランドなど政府機関によって作成されている例外もある），いまはカリキュラムに絡んだものが出される傾向がある（Todd, 2003）。また，オーストラリア（Australian School Library Association, 2006）やイギリス（Barrett & Douglas, 2004）では，空間や資料の利用と同じくらい，ICT や情報リテラシーと図書館を結びつけている。そして，自然と誰もが「21 世紀を生きる学習者のための活動基準（*The Standards for the 21st Century Learner*）」（American Association of School Librarians, 2007, 2009）に慣れ親しむこことになるだろう。

一般的に，基準は，伝統的にはインプットと関連づけられることが多かったが，最近では，学習プロセスと成果の双方に関連づけられることがトレンドとなっている。しかし，基準が本当に効果的かどうか以前に，学校図書館の定義を明確にする必要があるという意見もある（Williams, Wavell, & Coles, 2001）。実際，ウェイヴェルはガイドラインや基準は，いずれも説明責任を求められる環境の中で作成されたものであり，効果を示す必要があるため，文書の多さが現場の「混乱と不満」を生む可能性に言及している（Wavell, 2004, p.13）。

これらの学校図書館に関する知見のほとんどが図書館情報学の専門組織がもたらしたものだということは，モンティル=オバーオールが北米の文脈で指摘したように，教育と学校図書館員の専門的・研究的な文献の間には相乗効果がないか，これまでもなかったことが示唆されている（Montiel-Overall, 2005）。プラットはさらに踏み込んで，カリキュラム関係の文書の中で学校図書館についての言及はほとんどないと指摘している（Pratt, 1994）。

図書館情報学の組織が提唱する学校図書館の役割には疑問符が付き，国や州などの公的機関が出すほうが適していることも述べられている（Everhart, 2000）。

それにもかかわらず，学校図書館員とその専門組織は，たとえそれが拘束力のないものであっても，学校図書館に関する声明の必要性を明確に認識している。声明は，学校図書館の資料提供による利用が有益であることを前提としているが，資料ベースの学習アプローチや情報リテラシーの必要性を想定し，ときには，学習に対する構成主義的なアプローチについての文言やその考え方が含まれない場合もある。学校図書館の分野は，学校図書館の未来を促進する手段としてガイドラインに焦点を当て，これに依存してきた。組織はガイドラインの作成に相当な労力を費やしてきたが，読者層のほとんどが図書館情報学の分野の人である可能性がある。悲しいことに，学校図書館の関係者は，一般的な教育の世界で，学校図書館の全体的な知名度（理解度）が低い理由を理解せずに，不満を感じている可能性がある。結果として，図書館員はガイドラインの力や影響力に非現実的な期待をもっているのかもしれず，逆にいえば，ガイドラインが関連分野の専門家よりも図書館情報学の専門家や分野内で流通することで，理想的な状況を強調しすぎている可能性がある。

では，現実世界では学校図書館はどのように把握されるのか。典型的な管理職からの「学校図書館が実際どんな機能をもち貢献するのか証拠を示してほしい」という要望に学校図書館員はどのように返答できるのか。

IBDP における学校図書館の影響や利用に関する研究はあるのだろうか。公表されている研究は，ラチュピュティ（Latuputty, 2005）と筆者のものしか存在せず，悪いことではないがどちらも実践研究で，学術的研究ではない。学校図書館の貢献についての文献（IBが推進している商業出版部門が出版されるもの）が書かれること，そして学校図書館の研究も実践も，学校図書館分野以外の，教員や管理職が関心を向ける教育分野の雑誌や研究大会で取り上げられること，その両方が必要だ。

それらがあれば公式な声明がなくとも，IB の図書館が実践でどのような役割を果たすものなのかを判断することができる。筆者による研究では，IBDP と学校図書館の関係について，生徒と教員のさまざまなグループごとに検討を行った。彼らに学校図書館はどのようにみられているのか，以下に示す。

ある IBDP 学校コミュニティーの学校図書館および学校図書館員との関係についての語り

その学校の教員は，他のインターナショナルスクールや普通の学校で経験を積んだにしても，ほとんどの場合，生まれ育った英語圏の学校で教育を受けている。彼らが生徒として通っていたセカンダリースクール（中等学校）には，よくできた図書館がなかったり，図書館を運営する人が誰もいなかったりすることもある。図書館とは名ばかりで，主に上級生の勉強のための場所だったかもしれない。大学では多少は研究で使ったとしても，や

はり勉強の場所でしかなかった場合もある。教員養成の初期段階で，教員が教育的に利用できる学校図書館について学ばなかったのだろう。これまで勤務してきたインターナショナルスクールなどの学校で教員が図書館に言及することがほとんどなかったため，（図書館情報学の観点からの）「よい実践」を経験していないのかもしれない。インターナショナルスクールのIBディプロマ担当の教員にとっては，相当な内容をカバーする必要があるため，授業時間を確保することがプレッシャーになっていた。教員が多様な国から来ているため，教育学的な実践はさまざまで，多くの場合，個々人でも違いがある。

なかには，個人で図書館を利用する教科教員もいた。彼らは資料を教育目的で借りたが，これは科目によって異なる（教科資料室や個人の蔵書の有無の存在に依拠するところが大きい）。科目別の定期刊行物（専門職能開発のためのタイトルも含む）のために図書館を個人的に利用したり娯楽としての利用をしたり，ノートパソコンで生徒の課題の採点をしたり，科目の資料やその他の資料を借りた教員もいた。一方で，教員は生徒を図書館に連れて来ない傾向があるものの，授業の中では生徒に資料の利用を勧めることは時々あった。引用や参考文献リストに関する質問は，図書館員に質問するようにと具体的な指示を出す教員もいた。

生徒の中には，国から国へと移動してきた生徒や，すでにインターナショナルスクールの経験がある生徒も複数いた。初めての留学で，それ以前は公立の学校の経験がある生徒もいた。英語がすべての生徒にとっての母語であるわけでもない。彼らの過去の図書館体験はさまざまで，全体的にいえるのは，図書館の経験や，情報テクノロジースキルが限られていることだ。

生徒はIBDPのプログラムの開始時に，教員との授業以外に（スタディーホールと呼ばれる）自習時間があり，学校図書館で過ごす必要があることを知らされていた。生徒は，教科書や必要なものをすべて図書館に持ち込み，宿題をこなしていた。G11の生徒は図書館の利用経験が少なく，どこに何があるのかをどうやって探せばよいのかがわからず，助けを求めないで教科書に頼る傾向があった。往々にして成績のよい生徒は，教科書以上の範囲のことが書かれている図書を読むことに，必要性や利点を感じていないようだった。G11の生徒は宿題をこなすことが標準だったが，G12では科目の課題をこなし，個々人でEEを書き始めた。このエッセイのために図書館を利用する生徒がいて，図書館員に引用や参照の仕方について質問した。生徒の全員がインターネットを利用して情報を得ていた。G12の終わりにかけて，生徒は期末試験に向けて復習を始めた。ある生徒は，静かな場所を求めて図書館を利用した。なかにはプレッシャーと闘っている生徒もいたが，だいたいほとんどの生徒が，成功するには時間管理スキルが最も重要であることに気づいていた。学生ラウンジや休憩室がなかったため，学校内の図書館を含む場所の争奪戦が生じていた。生徒が授業を受けていないときに，行くことができる場所は図書館だけだった。唯一の例外は食堂だったが，一部の教員や生徒は，ここが自習室として適切な場所だとは考えていなかった。2006年の学則の変更によって，G11の生徒は自習室として食堂を使用できな

くなった。これによって，より多くの上級学年の生徒が図書館を利用できるようにする必要が生じた。図書館の機能を理解していない生徒がラウンジとして利用したため，適切な行動の質（一部の大人と生徒が定義づけたものであるが）が下がった。教員は，図書館は主に自習室として利用され，多くの生徒がいると認識しているので，リサーチのために生徒（や生徒グループ）をさらに図書館に行かせることには消極的であった。

すべての生徒がインターネットを使った一方で，情報を得るために図書館を利用した生徒も少しはいた。図書館員が推奨した，図書館予算で購読しているデータベースを使う生徒もいた。図書館の目録を使う生徒はほとんどいなかった。日々使われるノートパソコンを除けば，多くの生徒は図書館資料を借りることは滅多になかった。

図書館には，課業日以外にもスタッフが常駐した。図書館の利用を促す専門の図書館員がいて，IBDP のさまざまな科目のニーズに対応する図書館のコレクションの開発について教員と連携し，図書館の追加資料や開発についてスタッフと情報共有をした。図書館員は，図書館で IBDP の生徒の唯一の監督者で，権威を誇示して規則を守らせようとしているようにみえたかもしれない。図書館のスタッフに手助けを求める生徒はほとんどいなかったが，助けを求めた場合でも大概，図書館で情報や資料を探すのを手伝う程度だった。その図書館員の主な活動は，情報リテラシーに焦点を当てたコラボレーションの促進を唱える図書館情報学の雑誌記事の影響を受けた可能性がある。しかし，それは現実を反映したものではなかった。

調査に参加した IBDP 校のコミュニティーグループのメンバーの認識から，図書館がどのように利用されたかを知ることができる。教員，管理職，生徒は皆，図書館が使われるとすれば主に EE のためであると考えていた。価値と評価の面では，図書館は管理職と教員の両方から，有用な施設であると高く評価はされたものの，具体的な（IBDP のニーズに関連した）評価はあまりみられなかった。学校図書館の役割と期待に焦点を当てた記述はIBO/IBDP の文書類では見当たらないが，IBDP 文書で学校図書館の役割が明示されれば，教員の考え方や期待に焦点を当てて記述することができる。

EE の文書では，図書館の支援について簡単に述べられてはいるが，教員が普段目を通す IBDP のカリキュラム文書では図書館の利用についての言及はほとんどないか，まったくないといってもよい。DP カリキュラムに教育学的な意味で教員が図書館を使うべきだという推奨の文言がない中で，実際には個々の教員によってカリキュラムは多様なあり方になっている。理由は自分が受けた教育と図書館経験が異なっているからであろう。図書館の利用については教育学的な裏付けはほとんどなく，生徒に対して継続的なニーズのために学校図書館を利用することを勧めることもほとんど行われていなかった。（図書情報学の分野で，学校図書館に関するモデルが提唱されようとも）教員の図書館への狭い見方は変わらなかった。したがって，図書館員は学校内の一般的な教育の期待や実践にそぐわない学校図書館のモデルを追求しているようにみえた。

本研究におけるインタビューでは，図書館の利用が非日常的な経験として語られた。生徒の1人は，図書館に価値を見いださず，インターネットや教科書を利用することで必要な情報をすべて手に入れられると述べた。だがインタビューを受けた生徒と教員の多くが，図書館の提供するものと，それを利用することに満足していた。一部の生徒は図書館のサービスに助けられていると感じ，その手助けを評価していた。一部の教員は同様の意見だったが，それより多くの教員が，少なくともスタディーホールに関して図書館の改善とIB-DPとの関連性の強化について意見を述べた。教員によっては，自分の教科に図書館は関係ないと考えていた。しかし，すべての教員，管理職，そしてほとんどの生徒は，図書館がEEに影響を与える（または与える可能性がある）と考えていた。これは，学校図書館に関連するIBDPの中で最も頻繁に，一般的に言及された要素だった。

　ここに示された語りは，図書館とその図書館員のIBDPコミュニティーの集合的な視点をまとめてはいるものの，包括的なものではない。自らの興味関心に焦点を当てる生徒と違い，教員は通常，自らが教える教科と教える生徒の年齢層に着目する。一方，図書館員はG11−G12のみならず，学校全体のニーズを支援できる。インターナショナルスクールでは，学校全体のニーズが「K-12」という幅広い年齢層に及ぶ場合がある。IBDPのニーズに関連して，図書館と図書館員が行うことは，一般的な学校図書館の一日からかけ離れたもので，実際，図書館と図書館員両方ともが同時に多様な機能を発揮していたはずだ。図書館も図書館員も，IBDPのニーズだけに対応しているわけではない。図書館はむしろ，3〜18歳までの生徒とその教員のニーズに応えてきた。

　読者はそうした点に賛成するだろうか。もしかしたら思い当たる点もあるかもしれないが，おそらく勤務する図書館やこれまでの図書館経験とは相当の違いがあるのではないか。ここに示したのは，あるIBの図書館が特定の生徒，教員，管理職，図書館員にどのようにみえていたかという話である。しかし，IBそれ自体からは，この学校図書館はどう捉えられていたのか。本書の序盤で述べたように，IBの図書館の規定についても，より重要なこととして，図書館と図書館員に利活用についての言及も少しばかりある程度であった。しかし，それぞれ別々の情報源からの資料であるが，IBDPを支援するうえでの学校図書館の発展の余地のある（というより明確にされていない）役割に関する葛藤と可能性を示すものがある。

　すでに参照したものだが，*IB World* 誌のある号に掲載された，1995年にIBEAM地域の校長会において行われた学校図書館員によるスピーチ（Clark, 1995）は，図書館はIB-DPで十分に活用されていないが，可能性に満ちているというテーマだった。

　その後間もなく，1997年にIBCAで，IBO学校の図書館員委員会（Committee of Librarians of IBO Schools）と名付けられた会議が開催された。その会議の報告に，カリキュラム開発において学校図書館員の役割が限定的だと議論されたことが示されている。リサーチスキルや主体的な学びに対する意識の高まりや，「教えと学びの過程におけるファシリテー

ター」としての図書館員の役割の必要性の認識がある一方，そのような役割についてより多くの検討が必要とされたが具体的なアクションは何もとられなかった。さらに，図書館員は企画・計画に携わるべきである。IBO はそのような役割を支援することに熱心であったが，そのような協力は学校内の問題で，IBO が強制できるものではないと考えていた。しかし，「IB プログラムを提供する学校への認定と評価のための訪問に際しては，図書館員と教員と学校経営者の間の協力の質が，評価されるかもしれない」(*Committee of Librarians of IBO Schools,* 1997, p.4)。このことは，学校に変化を起こす鍵となるものが認定訪問と評価訪問であることを明示している。

この出来事の少し前，*IB World* 誌の記事の中で，ある図書館員が IB の図書館の役割とは何かを述べている。これは，IB のプログラムがディプロマ（DP）しか存在しなかったときのことである。コルドバは，IBDP を支援する学校図書館の活用の利益と役割を明示し，学校図書館は情報化社会における重要な社会経済的，教育的な資源であると指摘した（Cordoba, 1994）。さらに彼は，図書館を利用するために生徒を助けるような大人のロールモデルが重要だと主張した。彼は，生徒が教員と共に「相談し，リサーチし，読む」という同じ目的に取り組む筋書きを想像した。「IB の図書館はリサーチの図書館でもあり，予備段階の調査から，資料の批判的な分析と利用に至るまでの研究の過程を反映し，それらの資料の活用ができるように組織される」(Cordoba, 1994, p.36) とあるように，コルドバが真に注目していたのはリサーチや探究の過程である。

これまで学校図書館と学校図書館員の役割を明確にするために，学校図書館のガイドラインの必要性について考察を行ってきた。また，ある IB 図書館がどのようにみられていたかを示した研究と，その利用者のうちの何人かの経験をみてきた。そのうえで，IB の文脈における図書館と図書館員の役割に関連した葛藤と成長の可能性を示唆する「アーカイブズからの」情報源をいくつか検討した。

しかし，DB の要件とは別の役割文書の中で図書館について記述をして独立させるよりも，DP のために学校に求められていることが明示されている「プログラムの基準と実践要綱」のうえで，他の分野と同様に図書館と図書館員をプログラムに関連づけるほうが，学校図書館はより統合的包括的に把握される可能性がある。これは，学校図書館に対して考え抜いた明確な声明を出すことで，学校の対応や貢献について標準化されて学内で共有されるべきだが，図書館員と管理職の間では自然にできても，一般の教科教員との間では IB の基準として必ずしも重視されない可能性がある。教科の教員にとって，一般的に，定期的に参照する文書は，ディプロマ科目のシラバスであろう。そのシラバスの文章に，図書館の役割についての記述がどれだけ簡潔であっても書かれていることが理想的であろう。いずれにせよ，IBDP 図書館と図書館員の役割を明示できるかどうか確認するために，次にみる必要があるのは「プログラムの基準」である。

プログラムの基準と実践要綱

「プログラムの基準」はすべての IB プログラムに共通していて，学校生活のあらゆる側面に関係している。2010 年秋に公開された新しい「プログラムの基準と実践要綱」の文書は，2005 年の文書に代わる文書として 2011 年のはじめより有効となる（図書館員は OCC で最新版を参照することが重要である）。現在の 7 つの基準は，哲学，組織，カリキュラムという 3 つの表題の下にグループ分けされている。後者の 2 つはさらに，リーダーシップ，資料（resources），協働的計画（collaborative planning），教えと学び（teaching and learning）などの一般的な標題に細分化されている。実践（practices）では，より個々の標準をさらに洗練させたものとみなせる。文書の配置は，すべてのプログラムに適用されるものとして，基準が列挙されている（2005 年の過去の文書と同様に）。しかし，今回はプログラムごとに基準がリストアップされた。また，関連事項には表によって実践が示されている。新しい文書には，学校図書館員が DP の文脈で関わり，対応し，率先して実施できそうな基準が複数ある。必ずしも個人の学校図書館員が選ぶ必要はないかもしれないが，図書館員は IB のウェブサイトで最新版の文書全体をみるか，IBDP コーディネーターから入手することを勧める。図書館に関する鍵となる，あるいは最も明白な（あるいは唯一の）参照事項は，基準（Standard）B2 の資料の下にある。ポイント 6 は，一般的なリソースのことをさしているが，学校がプログラム実施の中心となる支援のために図書館が必要であるという文脈で，具体的には学校図書館について言及している。言及されている順番に基準をみていこう。

基準 A は，一般的に哲学に関係する。IB に伝えられる学校方針の一部に図書館の方針があることを保証し，その図書館の方針が IB のミッションステートメント（理念）と重要な IB の哲学に関連すること，少なくとも，特に国際性と学問的誠実性に関することを図書館員が確実にすることが，図書館がする貢献となりうる。革新的な図書館員は，IB プログラムを支える学校の目的により近づけるために，図書館サービスと収集方針を再構築するかもしれない。例えば，DP 生に向けての図書館員はデータベース，Web2.0 の製品，コミュニケーションサイトを促進できる。イノベーションは，大掛かりで包括的な変化である必然性はなく，小さな変化でもよいのだ。確かに，図書館が進化しなければ，図書館は機能していないというほかない。したがって，学校図書館員に必要なことは，起こった変化と改善を検証し，IB の求める支援ができているかを認識することに尽きるかもしれない。

また，基準は，国際的な視野にも言及している。学校は，生徒が異文化の人々の文化，視点，言語について調べることができる十分な量の資料をもつことが必要である。IB は，IB ワールドスクールによる国際的なネットワークづくりを推奨している。国際的な視野をもつことへの支援は IB の図書館が重点的に担うべき役割である。図書館の資料としてアーカイブされた初期のプロジェクト資料や監査資料，図書館の資料選択ガイドラインが役に

立つ資料となるかもしれない。国際的な視野を育てることを支援する資料を提供するという図書館の企図は，展示写真やブックリストのコピーとともにコレクション形成方針に記述されるべきである。OCC 上であれ，他の電子的な手段であれ，図書館員が他国の図書館員とやりとりをする機会があり，そのようなやりとりは，この基準のための根拠の一部となりうる。

　基準 B は，学校の組織に関することである。学校の中のすべての領域で，IB の目標と方向性を意識して支援することが必要である。

　学校図書館と学校図書館員は，IBDP に関わる教員の専門能力開発についての資料を提供することで，この目的の実現に寄与できることは明らかである（これはおそらく，教員の専門能力開発において，隠されたり見過ごされたりしがちな側面だと思われる）。図書館員は保護者のための資料を提供することもできるだろう。IB に関する資料や生徒に向けた資料を提供することが可能である。図書館に IB のポスターを掲示したり，IB の学習者像で図書館に関わる側面を記述したリストを提供したり，IB のミッションステートメントのコピーを提供したりすることである。*IB World* 誌の記事は生徒らが興味をもつものだろう。IB に関して書かれたものとして，マシューとヒル（Mathews & Hill, 2005）やピーターソン（Peterson, 2003），IB の名誉最高責任者（the Chief Executive Emeritus of the IB）であるジョージ・ウォーカーによる著作（Walker, 2014）もそうであろう。

　基準 B2 には学校図書館への言及がある。ポイント 6 の実践についての表では，DP を支援するための十分な資料が図書館に備えられるべきことが示されている。しかし，この点で図書館員の役割には言及されていない。それでも，簡潔にではあるが，学校に対して図書館の役割を一般的な支援サービスまたは施設とみなすべきではないとしている点が今回の文書で重要である。文書には，DP の実施に際して，学校図書館の役割を認識すべきことが明記されている。カリキュラム，さらにいうと，学習経験に焦点を当てている部分が，この文書の重要な箇所である。**学校**が**図書館**のために何ができるかよりも，**図書館**が**カリキュラム**を充実させるためには何ができるのか，何をやっているのかが書かれている。インプットの方法よりも，プロセスや成果物が評価軸として重視される。

　この基準はまた，学校の学問的誠実性の方針の必要性と，特に生徒個々に十分なリソースを提供することで EE がうまくいくようにする必要性についても言及しており，これらは図書館と図書館員の両方からのインプットの重要な領域となる可能性がある。これまでみてきたように，EE を支援することは，図書館と図書館員の主要な役割だと多くの人が認識している。図書館は，この基準のための学校の監査または文書，または学校がまとめなければならない報告書に影響を与える可能性がある。図書館の貢献として，リソースの提供という静的側面だけでなく，図書館員が提供するサービスに焦点が当たるべきである。学校図書館員は，個人指導や，アドバイス，足場かけの働きかけを行うことで生徒のリサーチスキルその他の情報リテラシーについて教え導く人でありロールモデルとなる。そうす

ることで，高いレベルの学問的誠実性を維持するうえで重要な役割を果たしている。

また，「学びの並行性（concurrency of learning）」についても言及されている。それは誰もが協力し，協働して，生徒に本物の学習体験を提供することだと考えられる。例えば，ITGS（Information technology in a global society）をとっている生徒に 30 分のプレゼンテーションを行ったり，地理学の教員と協力してケーススタディのための図書館の資料を更新したり，EE のスーパーバイザーの会議で，生徒が研究プロセスからできる限り多くのことを得るように促す方法について話したりするなど，具体的な活動に関わることができる。

基準 C は，カリキュラムに重きを置いており，コラボレーションや学習のニーズとスタイルに焦点を当て，特に，概念的な理解，スキルの開発，学習者のプロフィール態度（learner profile attitudes）に言及している。ここには，学校図書館の中心となる情報リテラシーのすべての側面が含まれる。図書館員は，この基準の実施を支援する主要な推進者となることで，学校図書館が学習者像をどのように支援し拡張できるのかを探ることができる。この最後の基準は，有効な学習環境，資源の利用，スキルの開発といった教員と生徒の共生関係に焦点を当てていて，図書館員は，図書館と図書館員の両方を包括するように，教員と生徒の関係のこのビジョンを解釈することが可能である。

サービスを進行させながら基準を継続的に使用する方法は，DP のニーズに焦点を当てた図書館活動の年次報告を作成することである。学校が IBDP を選択肢の 1 つとして提供している場合は，図書館員としては IBDP の図書館の取り組みや活動を他の活動と分けて考えてもいいかもしれない。もちろん報告書は簡潔にして文章ではなく箇条書きにするとよい。要となる戦略としては，基準の記述，大事な IB 用語やフレーズ（例：**学びの並行性**；concurrency of learning）を報告書の見出しとして使用すること。そうすれば，図書館の活動や支援によって教育のどのような側面に対して支援することで充実したのかが明確になる。

これらの基準には簡単な解説があり，学校がめざすべき一連の目標が設定されている。例示すれば，交渉すること，証拠の提示，過程と成果に焦点を当てること，コミュニケーションすることとつながりを探すこと，すべてのスキル，説明責任，急速な変化の中で図書館員が得意になったコンピテンシーといったものである。グドバンは，IBDP を実施する際の質の保証の面で，IBDP プログラムを実施する学校には，十分な訓練を受けた適任の，理想でいえば司書教諭（a teacher-librarian）が必要であると指摘している（Goodban, 2004）。しかし，図書館と図書館員の役割が IBDP の多くの分野に影響を及ぼす可能性があるため，図書館員が IBDP を包括的に理解することがきわめて重要であることも指摘している。

ある図書館員が IB の図書館員の役割を引き受けた理由は，図書館についての IB ワークショップにおいて，参加者らが「どうすればよい IB の図書館員になれるかを知ることの必要性を述べていた」のを覚えていたとのことである。彼女の回答は，よい IB の図書館員になることは「よい学校図書館員になることの延長線上にあるにすぎない」ということだった。その秘訣は「カリキュラムを知り，教員を知り，生徒を知る」ことである。そ

の知識があれば図書館員は「友好的で明るく親切で知識が豊富な資料の専門家」として自分自身を表現できる（Clark, 2006, p.44）。

　図書館と図書館員は，インプットの方法に関わるガイドラインに従うのではなく，IBの基準やその学校における IBDP の知識を熟知することで，IBDP の教育的なプロセスと成果に携わることができる。学び，教育的なプロセス，図書館，これらの間のつながりを示すことで，図書館員は，学校の IBDP コミュニティーに不可欠な一員としての役割を果たしうるのである。

1：学校図書館向けの TOK 資料

　このリストは完璧なものではない。図書館の TOK に関する資料コレクションに何が必要かについて，TOK に関わる教員チームと図書館員の間で，議論，協力，コラボレーションが起こることを期待して作成したものである。ここに推薦した資料は，TOK コースの概要に記載されている重要な用語に基づいている（このリスト様式は，オーストラリアのギーロンググラマースクール図書館の TOK リストのフォーマットに倣っている）。

感情（知る方法）

Buzan, Tony. *The power of social intelligence*. HarperCollins, 2002.

［トニー・ブザン著『マインド・マップ活用術 コミュニケーションに奇跡を起こす』きこ書房，2005］

Bradbury, Travis, & Greaves, Jean. *The emotional intelligence quick book*. Fireside, 2005.

Evans, Dylan. *Emotion (A very short introduction series)*. Oxford, 2003.

［デュラン・エバンス著『感情』岩波書店，2005］

Goleman, Daniel. *Emotional intelligence and working with emotional intelligence*. Bloomsbury, 2004.

［ダニエル・ゴールマン著『EQ こころの知能指数』講談社，1998］［ダニエル・ゴールマン著『ビジネス EQ—感情コンピテンスを仕事に生かす』東洋経済新報社，2000］

Goleman, Daniel. *Social intelligence*. Bantam Dell, 2006.

［ダニエル・ゴールマン著『SQ 生きかたの知能指数』日本経済新聞出版社，2007］

言語（知る方法）

Chomsky, Noam. *Language and mind*. Cambridge, 2006.

［ノーム・チョムスキー著『言語と精神』河出書房新社，2011］

Crystal, David. *Words, words, words*. Oxford, 2007.

Matthews, Peter. *Linguistics (A very short introduction)*. Oxford, 2003.

Pinker, Steven. *The language instinct: How the mind creates language*. HarperCollins, 1994.

［スティーブン・ピンカー著『言語を生みだす本能 [上] [下]』日本放送出版協会，1995］

Pinker, Steven. *The stuff of thought: Language as a window into human nature*. Penguin, 2008.

感覚による認識（知る方法）

Morris, Desmond. *People watching, the guide to body language*, 2nd ed. Vintage, 2002. Naik, Anita. Body talk. Ticktock, 2009.

［デズモンド・モリス著『マンウォッチング』小学館，2007］

理性（知る方法）

Mlodinow, Leonard. *The drunkard's walk: how randomness rules our lives*. Penguin, 2009.

［レナード・ムロディナウ著『たまたま—日常に潜む「偶然」を科学する』ダイヤモンド社，2009］

Priest, Graham. *Logic (A very short introduction)*. Oxford, 2001.

［グレアム・プリースト著『論理学』岩波書店，2008］

Robinson, Dave. *Introducing empiricism*. Totem Books, 2004.

Weston, Anthony. *A rulebook for arguments*. Hackett, 2000.
［アンソニー・ウェストン著『論証のルールブック』筑摩書房，2019］

知識
Blackburn, Simon. *Think*. Oxford, 1999.
de Bono, E. *Six thinking hats*. Penguin, 1985.
［エドワード・デボノ著『6つの帽子思考法─視点を変えると会議も変わる』パンローリング，
　　2015］
Pinker, S. *How the mind works*. Penguin, 1997.
［スティーブン・ピンカー著『心の仕組み［上］［下］』筑摩書房，2013］
Woolf, Alex. *Artificial intelligence*. Hodder & Stoughton, 2002.

真実と信念
Lynch, Michael P. *True to life: Why truth matters*. The MIT Press, 2005.
Žižek, Slavoj. *On belief*. Routledge, 2001.
［スラヴォイ・ジジェク著『信じるということ』産業図書，2003］

倫理
Barad, Judith. *The ethics of Star Trek*. HarperCollins, 2000.
Blackburn, Simon. *Being good: a short introduction to ethics*. Oxford, 2001.
［サイモン・ブラックバーン著『ビーイング・グッド─倫理学入門』晃洋書房，2003］
Singer, Peter. *Writings on an ethical life*. HarperCollins, 2000.
Thompson, Mel. *Ethical theory*. Hodder Murray, 2005.

批判的思考
Czerner, T. *What makes you tick? The brain in plain English*. Wiley, 2001.
Fisher, Alice. *Critical thinking: An introduction*. Cambridge University Press, 2001.
Sim, Stuart. *Introducing critical theory*. Icon Books, 2001.

認識論・知の理論
Cardinal, Daniel. *Epistemology: The theory of knowledge*. John Murray, 2004.
Morton, Adam. *A guide through the theory of knowledge*. Blackwell, 1997.
Moser, Paul K., Mulder, Dwayne H., & Trout, J. D. *The theory of knowledge: A thematic intro-
　　duction*. Oxford University Press, 1998.

哲学的アイディアと心理学的アイディア
Abel, Reuben. *Man is the measure*. The Free Press, 1976.
Blackmore, Susan. *Consciousness（A very short introduction）*. Oxford, 2003.
［スーザン・ブラックモア著『意識』岩波書店，2010］
Cathcart, Thomas. *Plato and the platypus*. Penguin, 2007.
［トーマス・カスカート著『プラトンとかものはし，バーに寄り道 ジョークで理解する哲学』武
　　田ランダムハウスジャパン，2008］
Craig, Edward. *Philosophy（A very short introduction）*. Oxford, 2002.
Dupre, Ben. *50 philosophical ideas you really need to know*. Quercus, 2007.
Hamilton, Sue. *Indian philosophy（A very short introduction）*. Oxford, 2001.
Horner, Chris. *Thinking through philosophy: An introduction*. Cambridge, 2000.
Janicaud, Dominique. *Philosophy in 30 days（trans. from French）*. Granta Publications, 2005.

Kohn, Marek. *Trust: Self-interest and the common good*. Oxford, 2008.

Law, Stephen. *The philosophy files*. Orion, 2000.

Nisbett, Richard. *The geography of thought*. Free Press, 2004.

Pink, Thomas. *Free will（A very short introduction）*. Oxford, 2004.

Pinker, Steven. *How the mind works*. W. W. Norton, 1997.

［スティーブン・ピンカー著『心の仕組み［上］［下］』筑摩書房，2013］

Pirsing, Robert M. *Zen and the art of motorcycle maintenance*. Vintage, 1991.

［ロバート M・パーシグ著『禅とオートバイ修理技術［上］［下］』早川書房，2008］

Robinson, Dave, & Judy Groves. *Introducing philosophy: A graphic guide to the history of thinking*. Totem Books, 2007.

Segal, Robert. *Myth（A very short introduction）*. Oxford, 2004.

Slater, Lauren. *Opening Skinner's box: Great psychological experiments of the twentieth century*. Bloomsbury, 2004.

［ローレン・スレイター著『心は実験できるか─20世紀心理学実験物語』紀伊國屋書店，2005］

Smart, Ninian. *World philosophies*. Routledge, 1999.

知識の領域

Arnold, John. *History（A very short introduction）*. Oxford, 2000.

Baker, Joanne. *50 physics ideas you really need to know*. Quercus, 2007.

Bassett, Bruce, & Ralph Edney. *Introducing relativity: A graphic guide*. Totem Books, 2009.

Best, Joel. *Damned lies and statistics: Untangling numbers from the media, politicians and activists*. University of California Press, 2001.

［ジョエル・ベスト著『統計はこうしてウソをつく─だまされないための統計学入門』白揚社，2002］

Black, Maggie. *No nonsense guide to international development*. New Internationalist, 2007.

Botton, Alain de. *A week at the airport*. Penguin, 2010.

Brooks, Michael. *13 things that don't make sense: The most baffling scientific mysteries of our time*. Doubleday, 2008.

［マイケル・ブルックス著『まだ科学で解けない13の謎』草思社，2010］

Carr, E. H. *What is history?* Penguin, 1961.

［E・H・カー著『歴史とは何か』岩波書店，2014］

Crilly, Joy. *50 mathematical ideas you really need to know*. Quercus, 2007.

Culler, Jonathan. *Literary theory（A very short introduction）*. Oxford 1997.

［ジョナサン・カラー著『文学理論』岩波書店，2003］

Dixon, Thomas. *Science and religion（A very short introduction）*. Oxford 2008.

［トマス・ディクソン著『科学と宗教』丸善出版，2013］

Dolby, R.G.A. *Uncertain knowledge: An image of science for a changing world*. Cambridge, 1996.

Fukuyama, Francis. *The end of history and the last man*. Hamish Hamilton, 1999.

［フランシス・フクヤマ著『新版 歴史の終わり〔上〕：歴史の「終点」に立つ最後の人間』『新版 歴史の終わり〔下〕：「歴史の終わり」後の「新しい歴史」の始まり』三笠書房，2020］

Goldacre, Ben. *Bad science*. Fourth Estate, 2008.

［ベン・ゴールドエイカー著『デタラメ健康科学─代替療法・製薬産業・メディアのウソ』河出書房新社，2011］

Hawkings, Stephen. *The universe in a nutshell*. Bantam Books, 2001.

［スティーヴン・ホーキング著『ホーキング，未来を語る』（普及版）アーティストハウスパブリッシャーズ，2004］

Hoggan, James. *Climate cover-up: The crusade to deny global warming*. Greystone Books, 2009.

Klein, Naomi. *No logo*. HarperCollins, 2000.

［ナオミ・クライン著『ブランドなんか，いらない』大月書店，2009］

Lesmoir-Gardo, Nigel, Will Rood, & Ralph Edney. *Fractals: A graphic guide*. Totem Books, 2009.

Macmillan, M. *The uses and abuses of history*. Profile Books, 2009.

［マーガレット・マクミラン著『誘惑する歴史：誤用・濫用・利用の実例』えにし出版，2004］

Margulies, N. *Mapping inner space*. Zephyr Press, 2002.

Newton, Roger. *Thinking about physics*. Princeton University Press, 2000.

Okasha, Samuel. *Philosophy of science（A very short introduction）*. Oxford, 2002.

［サミュエル・オカーシャ著『科学哲学』岩波書店，2008］

Pennac, Daniel. *Rights of the reader*. Candlewick Press, 2008.

［ダニエル・ペナック著『ペナック先生の愉快な読書法　読者の権利10ヵ条』藤原書店，2006］

Rafferty, M. *100 books that shaped world history*. Bluewood Books, 2002.

Ravetz, Jerome. *The no-nonsense guide to science*. Verso, 2006.

［ジェローム・ラベッツ著『ラベッツ博士の科学論　科学神話の終焉とポスト・ノーマル・サイエンス』こぶし書房，2010］

Sardar, Ziauddin, & Borin Van Loon. *Introducing cultural studies*. Totem Books, 1998.

Sautoy, Marcus du. *The music of the primes: Why can unsolved problems in mathematics matter*. Harper, 2003.

［マーカス・デュ・ソートイ著『素数の音楽』新潮社，2013］

Singh, Patwant. *The world according to Washington: An Asian view*. UGI Perspectives, 2004.

Singh, Simon. *Fermat's last theorem*. HarperCollins, 1998.

［サイモン・シン著『フェルマーの最終定理』新潮社，2006］

Smith, Leonard. *Chaos (A very short introduction)*. Oxford, 2007.

Stannard, Russell. *Relativity (A very short introduction)*. Oxford, 2008.

［ラッセル・スタナード著『相対性理論―常識への挑戦』丸善出版，2013］

Swift, Richard. *The no-nonsense guide to democracy*. Verso, 2002.

Trigg, Roger. *Rationality and science: Can science explain everything?* Blackwell, 1993.

Wolke, Robert L. *What Einstein told his barber: More scientific answers*. Dell Publications, 2000.

一般

Gaardner, Jostein. *Sophie's world: A novel about the history of philosophy*. Farrar, Straus & Giroux, 1991.

［ヨースタイン・ゴルデル著『新装版 ソフィーの世界［上］［下］哲学者からの不思議な手紙』NHK出版，2011］

Lagemaat, Richard van de. *Theory of knowledge*. Cambridge, 2005.

McArthur's Universal Corrective Map of the World (upside-down map), Universal Press Pty.（Australia）.

＊ホーボー・ダイアー地図（等面積投影図）をこちらからも参照できる。http://www.odt.org; Peters Projection World maps と『A new view of the world: Handbook to the Peters Projection World maps, 4th ed』が，2010年秋に同時発売予定。（http://www.petersmap.com から入手可能）。

Paul, Anthea. *Real girls' stories*. Allen & Unwin, 2004.

Zouev, Alexander. *Three: The ultimate student's guide to acing your Extended Essay and Theory of Knowledge*. Zouev Publishing, 2008.

DVDS

A Beautiful Mind, Universal Studios, 2001.

[ロン・ハワード監督『ビューティフル・マインド』パラマントホームエンタテイメント，2012]

Bowling for Columbine, MGM, 2002.
[マイケル・ムーア監督『ボウリング・フォー・コロンバイン』ジェネオンエンタテイメント，
　2003]

Fahrenheit 9/11, Sony Pictures, 2004.
[マイケル・ムーア監督『華氏911』ギャガ，2020]

An Inconvenient Truth, Paramount, 2006.
[デイビス・グッゲンハイム監督／アル・ゴア脚本『不都合な真実』パラマウントホームエンタ
　テイメントジャパン，2014]

Lost in Translation, Universal Studios, 2004.
[ソフィア・コッポラ監督『ロスト・イン・トランスレーション』東北新社，2004]

The Matrix, Warner, 1999.
[リリー・ウォシャウスキー，ラナ・ウォシャウスキー監督『マトリックス』ワーナーホームビ
　デオ，2010]

Memento, Lions Gate, 2000.
[クリストファー・ノーラン監督『メメント』東芝デジタルフロンティア，2006]

Nell, 20th Century Fox, 1994.
[マイケル・アプテッド監督『ネル』日本ヘラルド映画，1999]

Rabbit-proof Fence, Miramax, 2002.
[フィリップ・ノイズ監督『裸足の1500マイル』ハピネット・ピクチャーズ，2003]

Supersize me, Sony, 2004.
[モーガン・スパーロック監督『スーパーサイズ・ミー』TCエンタテイメント，2005]

The Terminal, Dreamworks, 2004.
[スティーブン・スピルバーグ監督『ターミナル』パラマントホームエンタテイメントジャパン，
　2014]

The Truman Show, Paramount, 1998.
[ピーター・ウィアー監督『トゥルーマン・ショー』パラマウントジャパン，2006]

Twelve Angry Men, MGM, 1957.
[シドニー・ルメット監督『十二人の怒れる男』20世紀フォックス・ホーム・エンターテイメント・
　ジャパン，2010]

Vanilla Sky, Paramount, 2001.
[キャメロン・クロウ監督『バニラ・スカイ』パラマントジャパン，2006]

What the Bleep Do We Know!?, 20th Century Fox, 2004.
[ウィリアム・アーンツほか監督『超次元の成功法則』日本コロンビア，2013]

定期刊行物
　実際に，定期刊行物の中には，TOKの目的に役立つような記事が含まれていることがある。
その中でもよく参照される定期刊行物は以下のようなものである。

　Atlantic Monthly
　The Economist
　New Internationalist
　New Scientist
　Philosophy Now
　Psychology Today
　The Smithsonian
　The World Today

2：ヘルプシートと図書館ウェブサイトのための図書館の情報の例

　図書館員はウェブサイトにあるような個別のリソースを生徒に紹介する目的でヘルプシートを作成することができる。定期刊行物は，生徒にあまりなじみのない形式であるため，まず最初に，生徒が定期刊行物を評価するためのヘルプシートの例を示す。

例1：定期刊行物を評価するためのヒント
　EE に取り組むのに定期刊行物の記事は役立つと感じるでしょう。定期刊行物は，書籍化されたものよりも新しい情報を提供できるので重要です。定期刊行物には，トピックの非常に具体的な点について解説したエッセイに匹敵する長さの記事も掲載されます。紙媒体のフォーマットと同様にオンラインでも記事を見つけられます。紙媒体は「ハードコピー」と呼ばれることもあります。定期刊行物の中には，出版社のウェブサイトに載せられるものもあり，フルテキストが必要な場合は課金が必要となることもあります。とはいえ，記事の概要は出版社のウェブサイトでたいてい無料で読むことが可能です。学校図書館が購読するデータベースを通じて記事の全文を読むこともできます。学校図書館がどんなデータベースを購読しているかは学校図書館ウェブサイトを見ればわかるでしょう。あるいは，図書館スタッフに尋ねてみてください。データベースの使い方をいつでも喜んで伝えます。

　紙・電子にかかわらず，以下のヒントのいくつかは，定期刊行物が EE に取り組むのに役立つ情報を提供する可能性があるかを判断する助けとなるでしょう。

・学術的な情報を含む雑誌は大抵，学術誌，逐次刊行物，定期刊行物（これらの語句は大学図書館で使われている）と呼ばれる。
・学術的な定期刊行物はそのタイトルに「journal（ジャーナル）」と書かれていることが多い。例えば，*Journal of Research in Applied Chemistry*（応用化学の研究ジャーナル）。
・定期刊行物は巻号や発行ナンバーが付くことが多く（例：23巻1号），例えば毎月または年に4回，定期的に発行される（定期刊行物に，日付が記されていることもあるが常にそうではなく，巻号ナンバーはとても重要である）。
・定期刊行物は編集委員がいることが多い（メンバーが発行物の表紙の内側に記される）。編集委員は，その分野の専門家で組織され，掲載する記事を審査する。
・よい学術情報誌は，未発表の論文を掲載する。ピア・レビューと書かれた記事を探そう。それは，その分野の専門家の査読を経た論文だということを意味する。出版前に，専門家らが掲載に価値があると判断をしたものである。ときには，査読論文掲載の前に，査読者は執筆者に対して修正を指示することがある。「査読付き学術雑誌」という言葉を見聞きしたら，その学術誌の記事は信頼性が高く高品質であることがわかる。
・論文には必ず著者名が記されている。
・論文の始めに抄録が示される。論文の内容や提言について簡潔にまとめてある。これを読むことで，その論文が自分にとって役立ちそうかを判断することができる。
・抄録の次に，本文が始まる。査読付き論文は通常，次の要素で構成される：序論，使用した研究方法の説明，研究結果の説明，考察，そして最後に結論。
・本文中の引用とは別に，巻末に参考文献リストが必須である。付録がある場合もある。付録には，内容に関連するが，さまざまな理由で本文に含めることができない資料である場合が多い。

　EE のためにどのような定期刊行物がよいのかについての相談や，入手については図書館にご相談ください。

　これは非常にシンプルなヘルプシートであるため，図書館に掲示したり，スクリーンセーバーにしたりすることもできる。

例2：課題で使用したウェブサイトを引用・参照する方法
ハーバード方式の通常の順番は以下のとおりです。

・著者（あれば）
・タイトル（またはウェブページの見出し）
・ウェブサイトの参照日時
・URL

例：Emory University. Philip Glass (20th century music composers). 30 May 2010. URL
http://www.emory.edu/MUSIC/ARNOLD/glass.html
MLA Style on the Web. 5 July 2010. URL http://www.mla.org

オンライン上の参考文献リスト作成の手引きをみてください。図書館のウェブサイトに掲載しています。引用の仕方，参考文献リストのつくり方の手助けが必要な際は，図書館スタッフまでお尋ねください。

例3：IBDPのグループ1の科目に役立つ図書館利用案内―生徒向けガイド

このガイドは，IBDPグループ1の生徒が，学校図書館の文学コーナーを使いこなすためのものです。

＊具体的な文学テキストや文学に関する情報の探し方
文学のうち小説以外は，デューイ十進分類法（世界中の多くの図書館で使われている）に従って学校図書館のノンフィクションの棚に分類されます。文学の分類番号には800番台が使われています。このセクションで情報を見つけるために役立つ表を以下に示します。

800	文学，文学理論一般
808.5	ディベート
808.82	モノローグ

＊英語の詩，劇，小説家の探し方

810	英語文学（北アメリカ，オーストラリア，イギリス，カリブなど）
810.9	文学の歴史
811	個人の詩人による詩。例えば，ラングストン・ヒューズの詩が欲しい場合は，請求記号DDC811-Hugを参照。詩歌はもちろん，個人の詩人についての伝記や評論も同じ場所に保管されているため1箇所だけを参照すればよい。
811.08	詩のアンソロジー。編集者によって，テーマや歴史的な区切りなどによって選ばれた複数の詩人の詩を集めた図書。
811.09	戦争についての詩のアンソロジー
812	個人の劇作家による戯曲。例えば，ウェンディ・ワッサーシュタインの劇を探している場合は，DDC812-Was，カレル・チャーチルの場合はDDC812-Chuを参照のこと。
812.08	戯曲や劇のスクリプトのアンソロジーで，コレクションには以下のものが含まれる。劇作家らによる戯曲を含む。
813	批評や小説家の伝記など。例えば，ジェーン・オースティンについてはDDC813-Ausにアクセスをする。ナディーン・ゴーディマーはDDC813-Gorを参照。

＊小説や短編小説の探し方

　小説と短編小説は数が多いので，複数の棚にわたって置かれています。配列は，著者の姓（苗字）のアルファベット順になっています。この学校では，フィクションのコーナーを低学年用と高学年用に分け，わかりやすく表示することが求められています。

＊シェイクスピアについての情報のみつけ方

　シェイクスピアに関する本は数が多いので，情報を探しやすいように，エリアを分けて整理しています。DDC の 822.3 が，シェイクスピア作品とシェイクスピアに関する本の分類番号です。

822.3	a-z. 個人の戯曲。戯曲のテキストや批評，DVD は可能な限り同じ主題でまとめてあります。例えば，ハムレットに関するものは 822.3-Ham へ，ロミオとジュリエットに関するものは 822.3-Rom へ。作品集や選集は 822.3-Wor にあります。
822.303	戯曲一般
822.307	シェイクスピアの上演作品
822.308	小説化や映画化された作品
822.309	シェイクスピアの伝記・歴史情報

＊英語以外で書かれた文学情報の探し方

　英語圏以外の外国文学の分類番号は以下のとおりです。

830	ドイツ文学
839	北欧文学
840	フランス文学
850	イタリア文学
860	スペイン文学
870	ラテン文学
880	ギリシャ文学
891.7	ロシア文学
895.1	中国文学
895.6	日本文学

グループ 1 の生徒のために役立つその他の図書館資料

・百科事典や文学に関する専門的な参考資料などの参考資料は，すべてノンフィクションとしてまとめられています。
・定期刊行物や雑誌コーナーをチェックすることをお忘れなく。文学作品や作者についての査読付き論文など，プロジェクトに関する情報が含まれているかもしれません。
・言語（分類番号 DDC400）には，言語の歴史や発展についての情報が集められています。
・演劇（分類番号 DDC792）には，文学作品を舞台や映画で上演・プロデュースするための情報が集められています。
・デジタル化された情報については，オンラインデータベースをチェックする価値があります。図書館がどのようなデータベースを購読しているか，図書館員に確認してみましょう。
　もっと知りたい人は図書館までどうぞ。

　（訳注：日本の学校図書館では，デューイ十進分類法を元にしてつくられた日本十進分類法（NDC）が使われることが一般的。）

3：グループ1を支援するために図書館がつくったブックリストの一例

*日本語訳のある作品のみ［　］内に訳出。〈　〉は請求記号。

「場所の感覚」：IBDP 新入生に薦めるバケーション・リーディングリスト

Atwood, Margaret. *Surfacing.*［マーガレット・アトウッド著『浮かびあがる』新水社，1993］〈FIC ATW〉
　　カナダの僻地を舞台にした探偵物語とスリラー。

Aw, Tash. *The Harmony Silk Factory.*〈FIC AW〉
　　1940 年のマレーシアを舞台に，先住民の視点で描かれた家族の物語。

Bache-Wiig, Harald, Kjaerstad, Jan, & Bjerck, Birgit（Eds.）. *Leopard VI: The Norwegian feeling for real.*〈FIC SHORT STORIES〉
　　ノルウェーの現代短編小説集。

Baricco, Alessandro. *Silk.*［アレッサンドロ・バリッコ著『絹』白水社，2007］〈FIC BAR〉
　　あるフランス人が見た明治時代の日本。

Birch, Carol. *Come back, Paddy Riley.*〈FIC BIR〉
　　思春期の恋愛と人間関係を描いた現代の物語。

Bowen, Elizabeth. *Eva Trout.*［エリザベス・ボウエン『エヴァ・トラウト』国書刊行会，2008］〈FIC POW〉
　　リアリストのヒロインが主人公の優雅な風俗喜劇。

Drewe, Robert. *The bodysurfers.*〈FIC DRE〉
　　ビーチを舞台にしたオーストラリアの短編小説。

Everett, Percival. *American desert.*〈FIC EVE〉
　　現代文化を風刺した作品。

Fitzgerald, Penelope. *The beginning of spring.*〈FIC FIT〉
　　革命前のロシアに不安を抱くモスクワの駐在員が主人公の物語。

Freud, Esther. *Summer at Gaglow.*〈FIC FRE〉
　　東ドイツ。その場所と歴史に彩られた，家族の真実を探すストーリー。

Geras, Adele. *Other echoes.*〈FIC GER〉
　　ボルネオ島での子ども時代の思い出と記憶の力。

Hazard, Shirley. *The great fire.*〈FIC HAZ〉
　　第二次世界大戦後の占領下の日本を舞台に，愛と人間性をテーマにした物語。

Ihimaera, Witi. *The uncle's story.*〈FIC IHI〉
　　主人公マイケルが，マオリ族の視点から，ベトナム戦争で戦った叔父の秘密を暴く。

Ishiguro, Kazuo. *Never let me go.*［カズオイシグロ『わたしを離さないで』早川書店，2008］〈FIC ISH〉
　　クローン，記憶，個人の自由をテーマにした刺激的な小説。

Judd, Alan. *The Kaiser's last kiss.*〈FIC JUD〉
　　第二次世界大戦中のオランダを舞台に，第一次世界大戦後の主要人物の価値観を再評価した小説。

Koch, Christopher. *Highways to a war.*〈FIC KOC〉
カンボジア紛争で失踪した戦争写真家。カンボジアの歴史を背景に，その人物と周りの人々を描く小説。

Lahiri, Jhumpa. *The namesake.*［ジュンパ・ラヒリ著『その名にちなんで』新潮社，2007］〈FIC LAH〉
　　移民の体験がテーマの小説。文化的・世代的な問題に焦点を当てている。

Lapcharoensap, Rattawut. *Sightseeing.*［ラッタウット・ラープチャルーンサップ著『観光』早川書房，2010］〈FIC LAP〉
　　都市化，グローバル化，伝統文化，若者対大人の問題を探るタイの物語集。

Mansfield, Katherine. *The garden party and other stories.*［キャサリン・マンスフィールド著『マンスフィールド短編集』新潮社，1957］〈FIC MAN〉
ニュージーランドを代表する作家の短編集。

Martel, Yann. *Life of Pi.*［ヤン・マーテル著『パイの物語』竹書房，2004］〈FIC MAR〉
16歳のインド人少年の，ベンガルトラなど動物たちとの難破船での冒険を，想像力豊かに描いた物語。

McCall Smith, Alexander. *The Sunday philosophy club.*［マコール・スミス著『日曜哲学クラブ』東京創元社，2009］〈FIC M〉
スコットランドのエディンバラを舞台にした，倫理観を徹底追求したミステリー小説。この小説では場所の感覚が物語の大きな要素となっている。

Pérez-Reverte, Arturo. *The Flanders panel.*〈FIC PE〉
マドリッドのアート界を舞台にした殺人をめぐるスリラー小説。雰囲気とキャラクターがよい。

Roa, G. V. *Krishna puppets.*〈FIC ROA〉
インドのアンドラ・プラデーシュ州を舞台に，突然の変化が地域社会に与える影響を描く。

Self, Will. *The quantity theory of insanity.*〈FIC SEL〉
ブラックジョークで彩られた小説と短編集。

Smith, Zadie. *The autograph man.*［ゼイディー・スミス著『直筆商の哀しみ』新潮社，2004］〈FIC SM〉
1970年代のイギリス・ノースロンドンが舞台のコメディ。

Thompson, Holly. *Ash.*〈FIC TH〉
日本の九州という場所の記憶を，異文化の視点から呼び覚ますストーリー。

Vargos Llosa, Mario. *Who killed Palomino Molero?*［マリオ・バルガス・リョサ著『誰がパロミノ・モレーロを殺したか』現代企画室，1992］〈FIC VAR〉
1950年代のペルーを舞台にした殺人事件の物語は，罪悪感，平等，正義がコミュニティの中でどのように存在するか，あるいは存在しないかを示している。

Weiss, M. Jerry（ed）. *Big city cool: Short stories about urban youth.*〈FIC SHORT STORIES〉
アメリカのさまざまな地域の都市体験についての短編小説集。

West, Rebecca. *Cousin Rosamund.*〈FIC WES〉
高揚感あふれる1920年代と冷静な1930年代という対照的な時代を背景に描かれる青春の高揚感についての考察。

Zadok, Rachel. *Gem squash tokoloshe.*〈FIC ZAD〉
南アフリカ共和国北部トランスヴァールのアパルトヘイトが，一人称視点で描かれる。

4：IBDP に関する情報リテラシー関連の調査研究

　ここに示す研究は，生徒とその学習方法に関するもので，IBDP 候補校で読まれている。書誌事項の詳細は本書の「引用・参考文献一覧」を参照してほしい。大半が一般の教育現場で行われた研究であり，一部実践研究もある。図書館情報学分野の研究者による研究は少ないが，著者名の横にアスタリスクを付して判別可能にしてある。これら選りすぐりの研究のほとんどは，本文中でも何度か引用されているが，ここでは参考資料として，また読者の利便性を高めるために要約を付記している。

・Burris, Welner, Wiley, & Murphy, 2007
　Article title: *A world-class curriculum for all: Does encouraging more students to take International Baccalaureate classes force teachers to lower their standards? Not when students have the right preparation and support.*
　文献タイトル「すべての人に世界レベルのカリキュラムを：より多くの生徒に IB の授業を奨励することによって，教員は教育基準を下げざるを得なくなるだろうか。生徒が適切な準備と支援を受けている場合はその限りではない」

　この研究では，多様な学力レベルの生徒がアメリカのより優れた高等教育機関に入学できるようにするための，IBDP の使用に焦点を当てている。ニューヨークのある 1 つの学区で行われた調査の結果では，特に，既存の「厳格なコース」においてよい成績が上げられなかった民族出自の生徒に恩恵があることが明らかになっている（p.53）。重要な戦略は，IBDP の前に数年間の準備期間を設け生徒にやる気を起こさせることと，民族的に混ざり合ったクラスを確保することだった。また，教員が足場かけのテクニックとして教材を準備し，「資料提供の工夫をする仕事」を増やして生徒を支援することも有効だった。例えば，「IB の歴史グループで，生徒に多数の副読本を丸ごと読ませる代わりに，教員がテキストから最も重要な箇所を抜粋し，割り当てた」（p.55）などである。科目クラスとフルのディプロマは区別されていたが，コアの側面については言及されていなかった。支援や資料の必要性が認められており，図書館や図書館員の役割が期待されていた可能性はあるが，その点には言及がなく，また，プログラムから得られるスキルについても言及されていない。

・Kyburg, Hertberg-Davis, & Callaghan, 2007
　Article title: *Advanced Placement and International Baccalaureate programs: Optimal learning environments for talented minorities?*
　文献タイトル「AP と IB：優秀なマイノリティにとって最適な学習環境とは」

　AP コースと IB コースに関する，教員と生徒へのフォーカスグループ・インタビューに基づくグラウンデッド・セオリー研究。授業や学習スタイルはさまざまであったが，テンポの速い講義スタイルの授業では意味のある内容が提供され，生徒の質問を促した。ただし，教員には「試験に向けて教えなければならない」というプレッシャーがあった（p.12）。生徒は，「チャレンジ精神旺盛で，やる気があり，準備ができていて，マルチタスクをこなす人で，自信があり，コンプライアンスを守り，成果を上げている，時間管理が上手な人」（p.19）で，ピア・サポートを付加的な利点と認識し，よりよい，または希望する高等教育機関への進学を支援するためにIBDP を利用していた。研究者らは，ディプロマを取得する前に「成功するために必要なスキルや態度」（p.29）を育成する必要があり，「必要なスキル（よい勉強習慣，モチベーション，ライティングスキル）を習得していない生徒」（p.26）には，IBDP は適切ではないと考えていた。ピア・サポート，多様な教授法を採用した支援的な教員集団，生徒の仕事を管理する能力，そして"支援的な大人"についての理論が導き出された（図書館と図書館員の役割を推察するこ

とは可能であるが，何も明示されていない）。報告書では，ディプロマそのものではなく，IBプログラムが言及されており，IB認定法とIBディプロマの両方の選択肢が一般的であることが示唆されている。

・Latuputty, 2005[*]
Paper title: *Improving the school library for IB students: A case study at the British International School, Jakarta.*
論文タイトル「IB生のための学校図書館の改善：ジャカルタのブリティッシュ・インターナショナルスクールにおけるケーススタディ」

　この実践研究は，上級生の生徒のほとんどがディプロマを取得している，インドネシアのインターナショナルスクールを舞台としている。研究の結果，生徒の図書館利用が，静かな学習施設へのニーズによるものであることが明らかになった。最も使用された資料は参考資料と視聴覚資料であり，歴史のトピックに関連したものが多い（資料は，教室または自宅で使用されていた）。ディプロマを取得した生徒の多くは，購読型データベースを知らず，知っていても利用したことがなく，図書館では主にインターネットにアクセスするためにパソコンを利用していた。ほとんどの生徒が「図書館員は親切で感じがよく，質問にもすぐに答えてくれて，生徒との距離が近いと感じた」（p.18）と述べた。EEを書き終えた生徒の調査では，対象の生徒がすでにリサーチを行い，図書館を利用していることが確認された。ほとんどの生徒がノンフィクションの参考文献を使用していた。なかには，必要なものを見つけることができなかった生徒もいた。しかし，生徒は自分の研究能力は十分であると感じていた。図書館員は，生徒のために資料にアクセスしたり，地元の大学図書館など外部の情報源に生徒がアクセスする手助けをしたりしていた。

・McGregor & Streitenberger, 1998[*]
Article title: *Do scribes learn?: Copying and information use.*
文献タイトル「書き写す生徒は学んでいるのか。コピーと情報活用」

　この北米における研究は，卒業資格は得たが，英才教育プログラムの文脈で行われた剽窃についてのものである。この研究では，「図書館員と教員が図書館におけるリサーチ授業を成立させるためにより密接に協働する場合」，生徒の学習が改善されるかどうかについては疑問であるという結果が導き出された。特に，教員と図書館員間におけるより多くの，あるいは「多様な協働は，情報利用に影響を与えるか」（p.18）については疑わしい結果となった。生徒のリサーチ活動への大人（図書館員を含む）の介入はほとんどみられず，「生徒は支援なしで情報を利用する方法を知っている」という前提があり，言い換えや引用のスキルを含めて，そのような経験をしたことがあると考えられていた（p.9）。

・Munro, 2003
Article: *The influence of student learning characteristics on progress through the extended essay, a component of the International Baccalaureate Diploma Programme.*
文献「IBディプロマ・プログラムの構成要素であるEEを通して，生徒の学習特性が進歩に与える影響」

　この研究は，オーストラリアのIBDP生を対象としており，知識を理解し，自分のものにするという点で，TOKとEEとの関連性を明らかにした。さらに，EEで開発され，必要とされるスキルを明らかにした。EEにおいて新しい仮説を提示することに成功するためには，生徒は以下のスキルを必要としていることがわかった。つまり，自主的な学習を行うモチベーション，

自己管理，タイムマネジメント，創造的思考，自分の問いの枠組みをつくり，議論し，答えること，以前の知識を意識することによる情報リテラシーの開発，知識の選択，整理，評価である（pp.6-7）。

・Paris, 2003
Article : *The International Baccalaureate: A case study on why students choose to do the IB.*
文献「IB：生徒がなぜ IB を選択するのかについてのケーススタディ」

　G10 の生徒の中には，IBDP や他の選択肢（南オーストラリア州の州認定資格）を検討するに当たって，IBDP はストレスがかかると感じている生徒，IBDP で成功するためには高度な組織的スキルが必要だと感じている生徒がいる。生徒の意見は，それぞれのプログラムに対する認識によってグループ化されたものの，価値観や態度を養うためにはディプロマのほうがよいと考えている点を除いて，ほとんど違いがなかった。本研究のために開発されたカテゴリーは広範であり，批判的思考力やタイムマネジメントなどのスキルの特徴を具体的に明示していない。

・Rafste, 2003[*]
Article : *A place to learn or a place for leisure: Pupils' use of the school library in Norway.*
文献「学ぶための場所，あるいは余暇のための場所：ノルウェーの学校図書館の生徒の利用」

　このノルウェーの研究は図書館における交流に焦点を当てているが，研究対象の 2 つの図書館のうちの 1 つは，IBDP を提供している学校の図書館だった。ラフストは，2 つの学校の生徒の図書館利用を調査したが，ディプロマについて具体的に言及されているのは，IBDP 生が図書館を利用しているということだった。全体として，図書館を最も利用しなかったのが IBDP の 1 年生であるのに対し，最も利用していたのは IBDP の 2 年生であった。

・Shaunessy, Suido, Hardesty, & Shatter, 2006
Article : *School functioning and psychological well-being of International Baccalaureate and general education students: A preliminary examination.*
文献「学校機能と IB 生と一般生徒の心理的幸福感：予備試験について」

　北米の同じ学校で IBDP 生とその他の生徒の心理的側面を調査したところ，IBDP 生以外の生徒は，学校のリソースの面でやや不利な状況にあると考えていることがわかった（図書館については特に言及されていない）。一方で，ディプロマを取得した生徒は，結束力があり，社会的なモチベーションが高い傾向にあるものの，一般生徒に比べて予備試験へのプレッシャーを感じていなかった。

・Snapper, 2006
Paper: *Marked for life? Progression from the IBDP.*
論文「今後の人生の準備？　IBDP 後に伸びる」

　イギリスの 9 人の元生徒を対象とした回顧的な質的研究によって，彼らが成熟度，自己肯定感，タイムマネジメント能力，自立し協力して仕事をする能力など，さまざまなスキルや資質を身につけていることがわかった。また，大学生活の最初の年に，ディプロマ候補生として培ったスキルや作業量の経験，期待感があるため，大学生活のストレスが少ないと感じていたことがわかった。

・Taylor, Pogrebin, & Dodge, 2002
Article: *Advanced Placement—advanced pressures: Academic dishonesty among elite high school students.*
文献「高度なプレイスメント―高度なプレッシャー：エリート高校生の学問的不誠実性」

　この研究では，アメリカの AP および IB コースの生徒の不正行為を調査した。これらのコースが選択制となっている学校を中心に調査した結果，生徒は学業上の成功を優先し，教員からのプレッシャー，他の生徒との競争，限られた時間に対するプレッシャーを感じていることがわかった。プラス面は，IB の生徒はインフォーマルにお互いをサポートしあっていたことで，マイナス面は，結託したり，課題の答えを交換しあったりしていたことだった。生徒は剽窃に対する理解がまちまちだった。例えば，他人が書いたものや印刷された情報源からのコピーは深刻な問題とは考えられておらず，そのような行為は必然的に発生することが当然と考えられていた。このように，「エリート高校生の間では，不正な学問方法が頻繁に使われていた」ことが判明した（p.407）。

・Taylor & Porath, 2006
Article: *Reflections on the International Baccalaureate Program: Graduates' perspectives.*
文献「IB プログラムを振り返って：卒業生の視点」

　この研究は，カナダの 16 人の IBDP 卒業生の英才教育について調査したものである。IB ディプロマは，特に才能のある生徒のために設計されたものではないが，彼らにとって利用可能な数少ないプログラムの 1 つだった。IBDP 卒業生の約 4 分の 1 は，作業量が多いと考えており「過剰で，手に負えない，および／または彼らの幸福に有害」であった（p.153）。しかし，タイムマネジメント能力，批判的思考力，組織力，コミュニケーション能力，「強い労働倫理」を身につけたことについては肯定的なコメントもあった（p.154）。生徒は，自分たちが得た経験が高等教育に役立ったと感じており，仲間，教員，家族からの支援を受けていることを指摘している。図書館や図書館員への言及はなかった。

・Tekle, 2005
Thesis title: *The International Baccalaureate Diploma Programme (IBDP) at Katedralskolan, Uppsala: A study with emphasis on how the programme functions and on the teaching of geography.*
学位論文タイトル「ウプサラの Katedralskolan における IBDP：プログラムがどのように機能しているのかについて，及び地理学の教育に重点を置いた研究」

　本研究では，スウェーデンのウプサラにあるカテドラルスコーラン校において，生徒がディプロマ・コース最初の年に「一般的なストレスを感じていた」ために，何人かがプレッシャーの少ないコースへの変更を検討したことがわかった。ほとんどの生徒は IBDP を継続したものの，（特に英語力が足りない生徒にとっては）厳しいものであり，特に読解のためのタイムマネジメントが必要であると感じていた。生徒はプログラムを通して「大人として成長した」と感じたと述べている（p.16）。他国の英語の教材を選ぶ経験をしていない教員が行う地理コースの授業効果を具体的に調査した結果，生徒は本を借りることができたが，読解や解釈，関連情報の抽出に困難を感じており，教員の援助が必要な生徒もいたことが明らかになった。図書館員や図書館については言及されていない。

・Tilke, 2009[*]
Thesis title: *Factors affecting the impact of a library and information service on the Interna-*

tional Baccalaureate Diploma Programme in an international school: A constructivist ground-ed theory approach.
学位論文タイトル「インターナショナルスクールの IBDP における図書館・情報サービスのインパクトに影響を与える要因：構成主義的根拠に基づいたグラウンデッド・セオリー・アプローチ」

　本研究は，生徒が IBDP 在籍中の 2 年間の経験についての実践的な研究であり，G11 − G12 の生徒全員が IBDP 候補生であるアジアのインターナショナルスクールに焦点を当てている。調査対象は 22 名で，生徒（学校図書館の利用者と非利用者），教員，管理職が含まれる。研究の詳細と調査結果は，本書の本文にも反映されている。

・Vanderbrook, 2006
Article: *Intellectually gifted females and their perspectives of lived experience in the AP and IB programs.*
文献「知的に才能のある女子生徒と彼らの AP プログラムと IB プログラムにおける生活経験への視点」

　北アメリカでディプロマを取得した生徒 1 名と認定証を取得した生徒 1 名を調査した結果，彼らは同じ学校の他の生徒と一緒に過ごすのではなく，IB の仲間の生徒と一緒に過ごす時間が多いことがわかった。タイムマネジメントが課題で，内容，仕事量，成績が主な関心事であった。教員は，「知的な仲間」（p.143）と同様に，学業面でも精神面でも大きな影響を与えたと考えられていた。ディプロマを取得した生徒が図書館でよく授業のために友人と勉強したという，学校図書館についての言及が 1 箇所みられる。本研究では，IBDP プログラムがどのような段階で実施されたのかについての言及はなく，EE については言及されていなかった。

5：エッセイ，EE，要約の書き方に関する図書

Beall, Herbert. (2001). *A short guide to writing about chemistry*. 『化学に関する文章作成ミニガイド』New York: Longman.

Cuba, Lee. (2002). *A short guide to writing about social science*. 『社会学に関する文章作成ミニガイド』New York: Longman.

Hacker, Diana. (2008). *Rules for writers*. 『ライティングのためのルール』6th ed. Boston, MA: Bedford/St. Martin's Press. Hacker, Diana. (2007). *A writer's reference*. 『ライティングのための参考書』6th ed. Boston, MA: Bedford/St. Martin's Press.

Lipson, Charles. (2006). *Cite right: A quick guide to citations styles: MLA, APA, Chicago,etc.* 『正しく引用する―引用スタイルのクイックガイド―MLA，APA，シカゴスタイル他』Chicago University Press.

Marius, Richard. (2002). *A short guide to writing about history*. 『歴史に関する文章作成ミニガイド』4th ed. New York: Longman.

Shiach, Don. (2009). *How to write essays: A step-by-step guide for all levels, with sample essays*. 『エッセイの書き方―すべてのレベルに対応する手順がわかるガイドブック―エッセイのサンプル付き』2nd ed. Oxford: How To Books.

Szuchman, Lenore T. (2010). *Writing with style: APA style made easy*. 『スタイルに沿って書く―簡単！ APAスタイル』5th ed. Belmont, CA: Wadsworth.

Timmer, Joseph. (1996). *The essentials of MLA style*. 『MLAスタイルの要点』Boston, MA: Houghton Miffl in.Zouev, Alexander. (2008). *Three: The ultimate student's guide to acing your Extended Essay and Theory of Knowledge* 『3ポイントアップ：EEとTOKのエースになるための究極ガイド』n.p.: Zouev Publishing.

要約を書くために役に立つ図書

Alfred, Gerald J., Brusaw, Charles T., & Oliu, Walter E. (2006). *Handbook of technical writing*. 『テクニカル・ライティングハンドブック』New York: St. Martin's Press.

Dunkley, S., Banham, D., & Macfarlane, A. (2006). Mathematics and the sciences. In Tim Pound (Ed.), *The International Baccalaureate Diploma Programme: An introduction for teachers and managers* 『IB―教員と管理職のための入門書』(pp.115-146.). London: Routledge. ［良い要約の例として紹介する］

International Baccalaureate Organization. (2010). *Diploma Programme: Extended essay guide.* (ディプロマ・プログラム―EEガイド) Cardiff: Author.

6：学校図書館の IBDP EE 寄贈に関する方針例

　学校図書館所蔵コレクションの他の資料と同様に，資料は学校のニーズ，カリキュラム，理念に関連したものでなければならない。図書館に寄贈されたものは，これに基づいて受け入れる。
　学校図書館の除籍方針に基づき，除籍する場合がある（主に，その資料が時代に合っていない，関連性が薄い，物理的に劣化している，所蔵スペースが不足しているなどの理由による）。
　伝統的に，各生徒の EE のコピーは学校図書館に保管する。過年度の EE は，例年 G11 に優れた実践例として紹介される。所蔵する EE で A・B・C 評価を受けたものは，図書館システムの注釈に明記する。
　すべての EE は個々の生徒が卒業してから 2 年間保管する。以下に該当するものは，年限を越えて保管する。
- A・B・C のいずれかの評定を受けたもののうち，
- EE ではあまり扱われていない分野のもの，または
- 学校について書かれたもの。
　このような条件に該当するものは，図書館システムで目録化し管理する。

7：IB 用語集

　（訳注）原書の「付録 7：IB 用語集」は巻頭（p. vi-vii）に掲載した。

IB 発行の文書のうち学問的誠実性，10 の学習者像，基準など，文献一覧に含められていない
ものもある。IB の公式文書の最新版を参照することが不可欠だからである。これらの文書は IB
のウェブサイト上のオンラインカリキュラムセンターからいつでも入手できる。学校の IBDP コー
ディネーターからも入手可能だろう。

American Association of School Librarians. (2007). *Standards for the 21st century learner*. Chicago: American Library Association.

American Association of School Librarians. (2009). *Standards for the 21st century learner in action*. Chicago: American Library Association.

Andain, I., Rutherford, J., & Allen, P. (2006). Implementing the IBDP: Three retrospective accounts. In T. Pound (Ed.), *The International Baccalaureate diploma programme: An introduction for teachers and managers* (pp.47-68). London: Routledge.

Anderson, T. (1994). *The International Baccalaureate model of content-based art education*. Art Education, 47 (2), 19-24.

Asselin, M. (2005). Preparing preservice teachers as members of information literate school communities. In J. Henri & M. Asselin (Eds.), *Information literate school community*, Vol. 2: Issues of leadership (pp.187-201). Wagga Wagga, Australia: Charles Sturt University.

Austin, S. (2006). The core components. In T. Pound (Ed.), *The International Baccalaureate diploma programme: An introduction for teachers and managers* (pp.147-170). London: Routledge.

Australian School Library Association & Australian Library and Information Association. (2001). *Learning for the future: Developing information services in schools* (2nd ed.). Carlton, South Australia: Curriculum Corporation.

Barranoik, L. (2001). Research success with senior high school students. *School Libraries Worldwide*, 7 (1), 28-45.

Barrett, L., & Douglas, J. (2004). *CILIP guidelines for secondary school libraries* (2nd ed.). London: Facet Publishing.

Bartlett, S., Burton, D., & Peim, N. (2001). *Introduction to education studies*. London: Paul Chapman Publishing.

Bland, J.A., & Woodworth, K.R. (2009). *Case studies of participation and performance in the IB Diploma Programme*. Menlo Park,CA: Center for Education Policy, SRI International.

Boekhorst, A.K., & van Veen, M.J.P. (2001). School libraries in the Netherlands. *School Libraries Worldwide*, 7 (1), 82-102.

Branch, J. L., & Oberg, D. (2001). The teacher-librarian in the 21st century: The teacher- librarian as instructional leader. *School Libraries in Canada*, 21 (2), 9-11.

Brown, A., & Laverty, C. (2001, November). The changing role of IB librarians in the age of technology. *Paper presented at IBAP Librarians Workshop, Singapore*, November 2000. Retrieved from http://educ.queensu.ca/~brownan/organizations/IB/Internet/IBAP/Sessions/ChangingRoleOfIBLibrarians/ChangingRole.htm

Buchanan, S., Douglas, L., Hachlaf, K., Varner, E., & Williams, P. (2005). *Evaluating the International Baccalaureate Programme: An IB proposal for the consideration of the North Vancouver School District*. (Unpublished master's thesis). University of British Columbia, Canada. Retrieved from http://slc.educ.ubc.ca/Masters/Buchannan. pdf

Burke, L. (2005). A case for international mindfulness. *International Schools Journal*, 25 (1),

7-14.

Burris, C. C., Welner, K. G., Wiley E. W., & Murphy, J. (2007). A world-class curriculum for all: Does encouraging more students to take International Baccalaureate classes force teachers to lower their standards? Not when students have the right preparation and support. *Educational Leadership*, 64 (7), 53-56.

Cairo American College. (2010). CAC IB program. Retrieved from http://www.cacegypt.org/hs/ib.html#diploma

Callison, D. (2005). Enough already? Blazing new trails for school library research: An interview with Keith Curry Lance, Director, Library Research Service, Colorado State Library & University of Denver. Interview questions and discussion by Daniel Calli-son, Professor, Indiana University, Indianapolis, and editor of School Library Media Research. School Library Media Research. Retrieved from the American Library Association website: http://www.ala.org/ala/aasl/aaslpubsandjournals/slmrb/editorschoiceb/lance/interviewlance.htm & http://www.ala.org/ala/aaslbucket/slmr/lance.htm

Cambridge, J., & Thompson, J. (2004). Internationalism and globalization as contexts for international education. *Compare*, 34 (2), 161-175. Retrieved from the International Baccalaureate Organization website: www.ibo.org/programmes/research/members/documents/cambridgethompson-compare.pdf

Carber, S., & Reis, S. (2004). Commonalities in International Baccalaureate practice and the school-wide enrichment model. *Journal of Research in International Education*, 3 (3), 339-359.

Charmaz, K. (2006). *Constructing grounded theory: A practical guide through qualitative analysis*. London: Sage Publications. ［キャシー・シャマーズ『グラウンデッド・セオリーの構築：社会構成主義からの挑戦』ナカニシヤ出版，2008；原著第2版（2014）の訳（2020）もある］

Chris, J. (1999). The effect of the IB on one comprehensive high school. *IB World*, 16, 33-35.

Clark, C. (1995). The school library: An under-used resource for the IB programme? *IB World*, 9, 43-46.

Clark, C. (2006). IB, the sixth form and the LRC: An international school perspective. In G. Dubber (Ed.), *Sixth sense: The sixth form and the LRC* (pp.40-44). Swindon, UK: School Library Association.

Clarke, M. (2002). Response to Simon Murray's article: 2. IB Research Notes, 2, 11. Coates, H., Rosicka, C., & MacMahon-Bell, M. (2007). *Perceptions of the International Baccalaureate Diploma Programme among Australian and New Zealand universities*. Canberra, Australia: Australian Council for Educational Research.

Coffey, M. (2006). Language, literature and the arts. In T. Pound (Ed.), *The International Baccalaureate diploma programme: An introduction for teachers and managers* (pp.90-114). London: Routledge.

Coish, D. (2005). *Canadian school libraries and teacher-librarians: Results from the 2003/04 Information and Communications Technologies in Schools Survey*. Ottawa, Canada: Statistics Canada.

Combes, B., & Sekulla, G. (2002). Creating online curriculum: Effective partnerships. *School Libraries Worldwide*, 8 (2), 38-50.

Committee of Librarians of IBO Schools. (1997, October 10-12). *Report of a meeting held at the International Baccalaureate Curriculum & Assessment Center*, Cardiff, Wales.

Cordoba, C. A. (1994). El rol de la biblioteca escolar en el Bachillerato Internacional [The role of the school library in the International Baccalaureate]. *IB World*, 5, 36-37.

Croft, S., & Cross, H. (2003). *English for the IB Diploma*. Oxford: Oxford University Press.

Dando, P. (2004, November 1). IB Librarians' networking session. Retrieved from www. ibmidatlantic.org/librarians_notes.pdf

Daniel, E. (1997, July). High school to university: What skills do students need? In L. Lightall & K. Haycock (Eds.), *Information rich but knowledge poor? Emerging issues for schools and libraries worldwide* (pp.53-61). Seattle, WA: International Association of School Librarianship.

Day, K. (2010). A global reading list for hs. Retrieved from http://www.worldcat.org/profiles/ KatherineDay/tags/global%20reading%20list%20for%20HS

Dickinson, A. (1997). The examiners speak. IB World, 15, 27.

Drake, B. (2004). International education and IB programmes: Worldwide expansion and potential cultural dissonance. *Journal of Research in International Education*, 3 (2), 207-224.

Dunkley, S., Banham, D., & Macfarlane, A. (2006). Mathematics and the sciences. In T. Pound (Ed.), *The International Baccalaureate diploma programme: An introduction for teachers and managers* (pp.115-146). London: Routledge.

Ellis, J., & Salisbury, F. (2004). Information literacy milestones: Building upon the prior knowledge of first-year students, *Australian Library Journal*, 53 (4). Retrieved from the Australian Library & Information Association website: http://alia.org.au/publishing/alj/53.4/full.text/ ellis/salisbury.html

Elwan, D. I. (1989). To what extent did the alliance of Ibn Sa'ud and the Ikhwan during the 1920s lead to the achievement of their respective goals? *The Concord Review: Special International Baccalaureate Issue*, 1991, 109-123. Retrieved from http://www.tcr. org/tcr/essays. htm

Everhart, N. (2000). An evaluation of the documents provided to school library media specialists by state library and educational agencies. School Library Media Research, 3. Retrieved from the American Library Association website: http://ala.org/ala/aasl/aaslpubsandjournals/ slmrb/slmrcontents/volume32000/statedocs.htm

Everhart, N. (2006). Principals' evaluation of school librarians: A study of strategic and non-strategic evidence-based approaches. *School Libraries Worldwide*, 12 (2), 38-51.

Farmer, L. (2005). Generating change: A North American perspective. In J. Henri & M. Asselin (Eds.), *Information literate school community, Vol. 2: Issues of leadership* (pp.147-158). Wagga Wagga, Australia: Charles Sturt University.

Farmer, L. (2006). Library media program implementation and student achievement. *Journal of Librarianship & Information Science*, 38 (1), 21-32.

Fitzgerald, M. A., & Galloway, C. (2003). Information literacy skills of college-level virtual library users: An exploratory study. In D. Callison (Ed.), *Measuring Student Achievement and Diversity in Learning: Papers of the Treasure Mountain Research Retreat #10 at the Elms, Excelsior Springs, Missouri, May 31-June 1, 2002* (pp.181-205). Salt Lake City, UT: Hi Willow Research & Publishing.

Fox, E. (1998). The emergence of the International Baccalaureate as an impetus for curriculum reform. In M. Hayden & J. Thompson (Ed.), *International education: Principles and practice* (pp.65-76). London: Kogan Page.

Frew, S. (2006). Private study or private play? Sixth formers' use of the school library. In G. Dubber (Ed.), *Sixth sense: The sixth form and the LRC* (pp.45-56). Swindon, UK: School Library Association.

Goodban, J. (2004). Quality assurance and maintenance of the International Baccalaureate Diploma Programme. In M. van Loo & K. Morley (Eds.), *Implementing the IB Diploma Programme: A practical manual for principals, IB coordinators, heads of department and teachers* (pp.9-30). Cambridge, UK: Cambridge University Press.

Goodin, M. E. (1991). The transferability of library research skills from high school to college.

School Library Media Quarterly, 20 (1), 33-42.

Hardman, S. (1994). Spoken Canadian English: Regional variations and national characteristics. *IB World*, 6, 18-23.

Hay, L. (2005). Student learning through Australian school libraries, part 1: A statistical analysis of student perceptions. *Synergy*, 3 (2), 17-30. Retrieved from http://www. slav.schools.net. au/synergy/vol3num2/hay.pdf

Hay, L. (2006). Student learning through Australian school libraries, part 2: What students define and value as school library support. *Synergy*, 4 (2), 27-38.

Hayden, M., & Thompson, J. (1995). International schools and international education: A relationship reviewed. *Oxford Review of Education*, 21 (3), 327-345.

Hayden, M.C., Rancic, B.A., & Thompson, J.J. (2000). Being international: Student and teacher perceptions from international schools. *Oxford Review of Education*, 26 (1), 107-123.

Hayden, M., & Wong, C. (1997). The International Baccalaureate: International education and cultural preservation. *Educational Studies*, 23 (3), 349-362.

Head, A.J., & Eisenberg, M.B. (2009). *Finding context: What today's college students say about conducting research in the digital age. Project Information Literacy Progress Report*, February 4, 2009. Retrieved from www.projectinfolit.org/pdfs/PIL_ProgressReport_2_2009.pdf

Hepworth, M. & Walton, J. (2009). *Teaching information literacy for inquiry-based learning.* Oxford, UK, Chandos Publishing.

Henri, J., & Boyd, S. (2002). Teacher librarian influence: Principal and teacher librarian perspectives. *School Libraries Worldwide*, 8 (2), 1-17.

Hill, I. (2003). The International Baccalaureate. In G. Phillips & T. Pound (Eds.), *The baccalaureate: A model for curricular reform* (pp.47-75). London: Kogan Page. Hunter, C., Payne, A., & Hobman, D. (2004). Group 4: Experimental sciences. In M. van Loo & K. Morley (Eds.), *Implementing the IB Diploma Programme: A practical manual for principals, IB coordinators, heads of department and teachers* (pp.361-428). Cambridge, UK: Cambridge University Press.

International Baccalaureate Mid-Atlantic Sub-Regional Coalition. (2006). *Notes of librarians' meeting.* Retrieved from http://www.ibmidatlantic.org

International Baccalaureate Organization. (2002). *Diploma Programme*, Monograph. Geneva, Switzerland: IBO.

International Baccalaureate Organization. (2009). *IB and higher education: Developing policy for the IB Diploma program examinations,* version 3, December 2009. Retrieved from www.ibmidatlantic.org/IB_and_Higher_Education_Policy.pdf

International Baccalaureate Organization. (2010a). *IB World Statistics and IB Americas.* Retrieved from http://www.ibo.org/facts/fastfacts/

International Baccalaureate Organization. (2010b). *High school student engagement among IB and non-IB students in the United States: a comparison study.* Retrieved from http://www.ibo. org/research/programmevalidation/index.cfm#HSSSE

Irving, C. (2006). The identification of information literacy skills which students bring to university. *Library & Information Research*, 30 (9), 47-54.

Jones, S. (2004a). Implementing the diploma programme in school. In M. van Loo & K. Morley (Eds.), *Implementing the IB Diploma Programme: A practical manual for principals, IB coordinators, heads of department and teachers* (pp.31-77). Cambridge, UK: Cambridge University Press.

Jones, S. (2004b). The extended essay. In M. van Loo & K. Morley (Eds.), *Implementing the IB Diploma Programme: A practical manual for principals, IB coordinators, heads of department and teachers* (pp.195-210). Cambridge, UK: Cambridge University Press.

Kenney, B. (2006). Ross to the rescue! Rutger's Ross Todd's quest to renew school libraries. *School Library Journal*. Retrieved from http://www.schoollibraryjournal.com/article/CA6320013.html

KRC Research. (2003). *A report of findings from six focus groups with K-12 parents, teachers, and principals, as well as middle and high school students.* Retrieved from the American Library Association website: www.ala.org/ala/aasl/proftools/@yourlib campaign/krc_research_report.pdf

Kuhlthau, C.C. (2004). *Seeking meaning: A process approach to library and information services* (2nd ed.). Westport, CN: Libraries Unlimited.

Kyburg, R.M., Hertberg-Davis, H., & Callahan, C.M. (2007). Advanced Placement and International Baccalaureate programs: Optimal learning environments for talented minorities? *Journal of Advanced Academics*, 18 (2) 172–215.

Langford, L. (1998). Just what does a graduating secondary school student look like? *Access*, 9, 15–17.

Latrobe, K., & Havenar, W. M. (1997). The information-seeking behaviour of high school honors students: An exploratory study. *Journal of Youth Services in Libraries*, 10 (2), 188–200.

Latuputty, H. (2005, July). Improving the school library for IB students: A case study at the British International School, Jakarta. In S. Lee, P. Warning, D. Singh, E. Howe, L. Farmer & S. Hughes (Eds.), *IASL Reports, 2005: Information Leadership in a Culture of Change, Selected Papers from the 34th Annual Conference of the Association of School Librarianship and the 9th International Forum on Research in School Librarianship, Incorporating IB PanAsia Library Media Specialists (IB PALMS)*, Hong Kong, China, July 8–12, 2005 [CD-ROM]. Hong Kong, China: International Association of School Librarianship.

Lear, A. (2002). The International Baccalaureate (IB) : What is it? How might it affect school libraries in the UK. *School Libraries in View*, 17, 9–12.

Le Metais, J. (2002). *International developments in upper secondary education: Context, provision and issues.* Slough, UK: National Foundation for Educational Research.

Levin, D., & Arafeh, S. (2002). *The digital disconnect: The widening gap between Internet-savvy students and their schools, Pew Internet & American Life Project.* Retrieved from the Pew Internet Organization website: http://www.pewinternet.org/pdfs/PIP_Schools_Internet_Report.pdf

Limberg, L., & Alexandersson, M. (2003). The school library as a space for learning. *School Libraries Worldwide*, 9 (1), 1–15.

Lonsdale, M. (2003). *Impact of school libraries on student achievement: A review of the research, report for the Australian School Libraries Association.* Retrieved from the Australian School Libraries Association website: http://www.asla.org.au/research/index.htm

Madden, A.D., Ford, N.J., & Miller, D. (2007). Information resources used by children at an English secondary school: perceived and actual levels of usefulness. *Journal of Documentation*, 63 (3), 340–358.

Markuson, C. (1999). *Effective libraries in international schools: European Council of International Schools.* Saxmundham, UK: John Catt Educational.

Mathews, J., & Hill, I. (2005). *Supertest: How the International Baccalaureate can strengthen our schools.* Chicago: Open Court Publishing Company.

McCluskey, M. (2006). *Results of a survey on the provision of non-English language materials in international school libraries.* (Unpublished master's thesis). Robert Gordon University, Aberdeen, Scotland.

McGregor, J., & Streitenberger, D.C. (1998). Do scribes learn?: Copying and informa-tion use.

School Library Media Research 1998, 1. Retrieved from the American Library Association website: http://www.ala.org/Content/NavigationMenu/AASL/Publications_and_Journals/ School_Library_Media_Research/Contents1/Volume_1_ (1998) _SLMQ_Online/mcgregor. htm

McKenzie, C.M. (2001). *The Victorian Certificate of Education, the Monash University Foundation Year Program and the International Baccalaureate: Choosing a course as preparation for tertiary study.* (Unpublished doctoral dissertation). Monash Univer-sity, Clayton, Australia.

McLelland, D., & Crawford, J. (2004). The Drumchapel Project: A study of ICT usage by school pupils and teachers in a secondary school in a deprived area of Glasgow. *Journal of Librarianship & Information Science*, 36 (2), 55–67.

Mellon, C. A. (1986). Library anxiety: A grounded theory and its development. *College & Research Libraries*, 47, 160–165.

Merchant, L., & Hepworth, M. (2002). Information literacy of teachers and pupils in secondary schools. J*ournal of Librarianship & Information Science*, 34 (2), 81–89.

Millard, G. (2005). Plagiarism: What to do about it. International School, 1, 15.

Montiel-Overall, P. (2005). A theoretical understanding of teacher and librarian collaboration (TLC). *School Libraries Worldwide*, 11 (2), 24–48.

Montiel-Overall, P. (2008). Teacher and librarian collaboration: A qualitative study. *Library & Information Science Research*, 30, 145–155.

Moore, P. (2005). An analysis of information literacy education worldwide. *School Libraries Worldwide*, 11 (2), 1–23.

Morley, K. (2004). Group 2: Second languages. In M. van Loo & K. Morley (Eds.), *Implementing the IB Diploma Programme: A practical manual for principals, IB coordinators, heads of department and teachers* (pp.250–295). Cambridge, UK: Cambridge University Press.

Morley, K., Beverley, M., & Ruhil, A. (2004). Group 1: Language A1. In M. van Loo & K. Morley (Eds.), *Implementing the IB Diploma Programme: A practical manual for principals, IB coordinators, heads of department and teachers* (pp.210–250). Cam-bridge, UK: Cambridge University Press.

Mueller, J., & Stefanics, P. (2004). Group 3: Information technology in a global society. In M. van Loo & K. Morley (Eds.), *Implementing the IB Diploma Programme: A practical manual for principals, IB coordinators, heads of department and teachers* (pp.325–336). Cambridge, UK: Cambridge University Press.

Munro, J. (2003). The influence of student learning characteristics on progress through the extended essay, a component of the International Baccalaureate Diploma Programme. *Journal of Research in International Education*, 2 (1), 5–24.

Oberg, D. (1995). *Principal support: What does it mean to teacher-librarians?* Retrieved from the University of Alberta website: http://www.alberta.ca/~doberg/prcsup.htm

Olen, S. (1995). Academic success and school library use. *School Libraries Worldwide*, 1 (1), 69–79.

Paris, P.G. (2003). The International Baccalaureate: A case study on why students choose to do the IB. *International Education Journal*, 4 (3), 232–243. Retrieved from http://www.flinders. edu.au/education/iej/articles/mainframe.htm

Peterson, A.D.C. (2003). *Schools across frontiers: The story of the International Baccalaureate and the United World Colleges* (2nd ed.). Chicago: Open Court.

Phillips, G., & Pound, T. (2003). *The baccalaureate: A model for curriculum reform.* London: Kogan Page.

Pollock, D.C., & Van Reken, R. (2009). *Third culture kids: The experience of growing up among worlds.* (2nd ed.). London: Nicholas Brealey Publishing. [原著初版 (2001) の訳：デビッド・C・ポロック＆ルース＝ヴァン・リーケン『サードカルチャーキッズ：多文化の間で生きる子どもたち』スリーエーネットワーク，2010]

Pound, T. (2006). *The International Baccalaureate diploma programme: An introduction for teachers and managers.* London: Routledge.

Pratt, D. (1994). *Curriculum planning: A handbook for professionals.* Fort Worth, TX: Harcourt Brace.

Qualifications and Curriculum Authority. (2003). *Report on comparability between GCE and International Baccalaureate examinations.* Retrieved from http://www.qca. org.uk/news/downloads/alevels_vs_ib.pdf

Rafste, E.T. (2003). *A place to learn or a place for pleasure? Pupils' use of the school library in Norway.* Retrieved from http://www.eric.ed.gov/ERICDocs/data/ericdocs2/content_storage_01/0000000b/80/23/4e/96.pdf

Rafste, E. T. (2005). A place to learn or a place for leisure: Pupils' use of the school library in Norway. *School Libraries Worldwide, 11* (1), 1-16.

Rataj-Worsnop, V. (2003). *Pioneering the International Baccalaureate Diploma Programme* in Hertfordshire [UK]. Forum for Promoting 3-19 Comprehensive Education, 45, Pt. 2, 47-52.

Riedling, A. M. (2004). *Information literacy: What does it look like in the school library media center?* Westport, CN: Libraries Unlimited.

Rowlands, I., & Nicholas, D. (2008). *Information behavior of the researcher of the future.* Retrieved from the British Library website: http://www.bl.uk/news/pdf/googlepackageii.pdf

Roys, N.K., & Brown, M.E. (2004). *The ideal candidate for school library media specialist: Views from school administrators, library school faculty, and MLS students.* School Library Media Research, 7. Retrieved from the American Library Association website: http://www.ala.org/ala/aasl/aaslpubsandjournals/slmrb/slmcontents/volume72004/candidate.htm

Sasaki, M. (1996). Who became kamikaze pilots, and how did they feel towards their suicide mission? *The Concord Review, 7* (1), 175-209.

Scott, L., & Owings, J. (2005). *School library media centers: Selected results from the education longitudinal study of 2002 (ELS: 2002).* Retrieved from the National Center for Education Statistics (U.S. Department of Education) website: http://nces.ed.gov/pubs2005/2005302.pdf

Scribner, M. E. (2000, November 28-30). *Notes for Diploma Program Librarians' Discussion: Resources for TOK, Extended Essay and other high level research.* Handout presented at International Baccalaureate Asia Pacific Lirarians Workshop, Singapore.

Shaunessy, E., Suldo, S.M., Hardesty, R.B., & Shatter, E.J. (2006). School functioning and psychological well-being of International Baccalaureate and general education students: A preliminary examination. *Journal of Secondary Gifted Education, 17* (2), 78-89.

Shilling, C., & Cousins, F. (1990). Social use of the school library: The colonisation and regulation of educational space. *British Journal of Sociology of Education, 11* (4), 411-430.

Shoham, S., & Shemer-Shalman, Z. (2003). Territorial behaviour in the school library. *School Libraries Worldwide, 9* (2), 1-23.

Sjogren, C., & Vermey, E.G. (1986). The IB: Views from the American university. *International Quarterly, 4* (4), 26-29.

Smalley, T. N. (2004). College success: high school librarians make the difference. *Journal of Academic Librarianship, 30* (3), 193-198.

Snapper, G. (2006). Marked for life? Progression from the IBDP. In T. Pound (Ed.), *The International Baccalaureate diploma programme: An introduction for teachers and Managers* (pp.171-188). London: Routledge.

Spahn, B.A. (2001). *America and the International Baccalaureate: Implementing the International Baccalaureate in the United States: a study of three schools.* Saxmundham, UK: John Catt Educational.

Spreadbury, H., & Spiller, D. (1999). *Survey of secondary school library users.* Loughborough, UK: Library & Information Statistics Unit, Loughborough University of Technology.

Stobie, T.D. (2005). To what extent do the Middle Years Programme and Diploma Programme of the International Baccalaureate Organization provide a coherent and consistent educational continuum? *International Schools Journal,* 25 (1), 30–40.

Stobie, T. (2007). Coherence and consistency in international curricula: A study of the International Baccalaureate Diploma and Middle Years Programmes. In M. Hayden, J. Levy, & J. Thompson (Eds.), *Sage handbook of research in international education* (pp.140–151). London: Sage Publications.

Streatfield, D., & Markless, S. (1994). *Invisible learning: The contribution of school libraries to teaching and learning.* London: British Library.

Taylor, L., Pogrebin, M., & Dodge, M. (2002). Advanced Placement—advanced pressures: Academic dishonesty among elite high school students. *Educational Studies,* 33 (4), 403–432.

Taylor, M. L., & Porath, M. (2006). Reflections on the International Baccalaureate Program: Graduates' perspectives. *Journal of Secondary Gifted Education,* 17 (3), 21–30.

Tekle, K. (2005). *The International Baccalaureate Diploma Programme (IBDP) at Katedralskolan, Uppsala: A study with emphasis on how the programme functions and on the teaching of geography.* (Unpublished master's thesis). Uppsala University, Sweden. Retrieved from http://www.katedral.se/~perssjn/ib

Tilke, A. (2009). *The impact of an international school library on the International Baccalaureate Diploma Programme: A constructivist grounded theory approach.* (Unpublished doctoral dissertation). Charles Sturt University, Australia.

Todd, R. J. (2003, August). *Learning in the information age school: Opportunities, outcomes and options. Paper presented at the International Association of School Librarians conference, Durban, South Africa.* Retrieved from the International Association of School Librarians website: http://www.iasl-slo.org/conference2003-virtualpap. html

Todd, R J. (2006). School libraries and evidence-based practice: An integrated approach to evidence. *School Libraries Worldwide,* 12 (2), 31–37.

Todd, R.J., & Kuhlthau, C.C. (2005a). Student learning through Ohio school libraries, part 1: How effective school libraries help students. *School Libraries Worldwide,* 11 (1), 63–88.

Todd, R.J., & Kuhlthau, C.C. (2005b). Student learning through Ohio school libraries, part 2: Faculty perceptions of effective school libraries, *School Libraries Worldwide,* 11 (1), 89–110.

Turner, R. (2007). The use of independent school libraries in England and Wales. *School Librarian,* 55 (1), 11–13, 15.

Vanderbrook, C. M. (2006). Intellectually gifted females and their perspectives of lived experience in the AP and IB programs. *Journal of Secondary Gifted Education,* 17 (3), 133–148.

Van Reken, R., & Quick, T. (2010). *The global nomad's guide to university transition.* London, Summertime.

Voipio, V. (1993). Patent pending. *IB World,* 4, 14–15.

Walker, G. (2004). *International education and the International Baccalaureate.* Bloomington, IN: Phi Delta Kappa Educational Foundation.

Wallace, E. (2003). *The fine line: Communicating clearly in English in an international setting* (2nd ed.). St-Prex, Switzerland: Zidao Communication.

Wavell, C. (2004). *School librarians' understanding and descriptions of student learning in the school library.* (Unpublished master's thesis). Robert Gordon University, Aberdeen, Scotland. Retrieved from http://www.rgu.ac.uk/files/mastersinglespace2.doc

Wiggins, G. P. & McTighe, J. (2005). *Understanding by design.* Alexandria, VA: Association for Supervision and Curriculum Development.

Wiggins, G. P. & McTighe, J. (2007). *Schooling by design: Mission, action and achievement.* Alexandria, VA: Association for Supervision and Curriculum Development.

Williams, D. (2006). *Support for evidence based practice in teaching: The role of the school librarian?* Retrieved from the Robert Gordon University website: http://www.rgu. ac.uk/files/ IALS%20paper%2016%20Jun.doc

Williams, D., & Wavell, C. (2001). *The impact of the school library resource centre on learning: A report on research conducted for Resource: the Council for Museums, Archives and Libraries.* Aberdeen, Scotland: The Robert Gordon University.

Williams, D., & Wavell, C. (2002, July). Learning and the school library resource centre. In D. Singh, A. Abdullah, D. Abdullah, S. Fonseka, & B. de Rozario (Eds.), *School Libraries for a Knowledge Society: Proceedings of the 31st Annual Conference of the International Association of School Librarianship and the Sixth International Forum on Research in School Librarianship* (pp.77-90). Seattle, WA: International Association of School Librarians.

Williams, D., & Wavell, C. (2006). *Information literacy in the classroom: Secondary school teachers' conceptions. Final report on research funded by Society for Educational Studies.* Retrieved from the Aberdeen Business School/Robert Gordon University website: http://www.rgu. ac.uk/files/ACF4DAA.pdf

Williams, D., Wavell, C., & Coles, L. (2001). *Impact of school library services on achievement and learning: Critical literature review of the impact of school library services on achievement and learning to inform the work of the DfES Task Group set up to implement actions contained in the government's response to "Empowering the Learning Community."* Aberdeen, Scotland: The Robert Gordon University.

Williamson, K., McGregor, J., Archibald, A., & Sullivan, J. (2007). *Information seeking and use by secondary students: The link between good practice and the avoidance of plagiarism. School Library Media Research, 10.* Retrieved from the American Library Association website: http:// www.ala.org/ala/aasl/aaslpubsandjournals/slmrb/slmrcontents/volume10/williamson_ informationseeking.cfm

Wright, D., & Christine, R. (2006). The sixth-form library without walls. In G. Dubber (Ed.), *Sixth sense: The sixth form and the LRC* (pp.18-22). Swindon, UK: School Library Association.

Yip, T.W. (2000). An analysis of the status quo: The International Baccalaureate Diploma Programme and the empowerment of students. *International Schools Journal,* 19 (2), 37-47.

本書発行後の IB 公式文書における図書館／員についての記述

　IB とは，探究を基盤とした学び（Inquiry Based Learning）や，個別化した教えと学び（Differenciated Teaching and Learning）といった学習教授法を重視する，図書館の活用も期待できるプログラムである。本書は IB プログラムの 1 つである DP（G11，12 向け。日本では高校 2，3 年時に相当するプログラム）に焦点を当てた本である。また，本原著の発刊時にはすでに日本の小学校，中学校に該当する PYP（Primary Years Programme），MYP（Middle Years Programme）も存在し，IB はますます発展をみせている。さらに，本原著が発刊されてから CP という新たなプログラムが開発された。CP（Career Related Programme）は，DP の一部の科目を履修しつつ，自分がめざす職業に関する科目を履修するプログラムである。

　本書出版やその後のティルク（Tilke）氏のアドボケートにより，IB の公式資料に学校図書館／員に関する記述が増えた。*Programme Standards and Practices*（プログラムの基準と実践要綱。PYP，MYP，DP 向けとがある）には「The library/multimedia/resources play a central role in the implementation of the programme（s）（図書館・マルチメディアリソースは，プログラム実践において中心的な役割を果たす）」との記述が加えられ，また，*Guidelines for DP Libraries*（2013）や *Ideal Libraries*（2020）などの IB の図書館に関する公式文書も登場した。

　以下は，*Guidelines for DP Libraries* を要約したものである。

・図書館は常に投資と更新が必要である。設備が整った施設に潤沢な資料を揃える学校でも，図書館がカリキュラムから切り離され，十分に活用されていない場合がある。一方で，簡素ではあるが十分な設備をもち，図書館が活気に溢れ，図書館ワークがすべてのカリキュラムの単元に結びついている学校もある。我々は後者を支持する。
・最低限必要なリソース：オンライン蔵書目録（OPAC）完備。学校内のすべての図書の目録集中化。生徒の母語を維持し発達させるリソースの完備。
・スペース：少なくとも 1 クラスが入るスペースを確保する。生徒の母体人数によってはもっと必要である。異なった機能をもつエリアがあることが理想的である。軽い読書のための静かで心地よいエリア，静かに勉強できる机のあるエリア，グループワークができるエリア，コンピュータ作業ができるエリア，印刷／コピーができる空間。
・予算：通常図書館は目録作成，リソース選定，配架の方法が確立している。継続した予算配置が必須である。
・人的資源と開館時間：学校図書館員の主たる機能は，カリキュラムと図書館を融合させることであり，図書館の業務のすべてを図書館員がする必要はない。図書館は，学校が空いている時間，一日中開館すべきである。
・図書館員の役割：効果的で，リアルなコラボレーションが，図書館員と教科教員で行われる必要がある。これは，特定の単元や単元の一部をどのように図書館が支援できるかを各教科教員と話すスケジュールされた時間を設けることを意味する。これとは逆に，効果的ではな

い例として，教員が授業の場所として図書館を予約し，図書館員が活動内容を知らない状況がある。図書館員は，EE のプロセスや情報リテラシーの範囲と順序を開発する上で中心的な役割を果たすこともある。

　また，IB の公式文書 *Ideal libraries*（2020）の資料（ディスカッションペーパーに近いものである）では，学校図書館員の主たる機能は，カリキュラムと図書館を融合させることで，図書館の業務のすべてを図書館員がする必要はないと記されている。本書でも，筆者が参照について生徒にライブラリアンとしてレクチャーをしたり，教科のための資料を揃えるために打ち合わせをしたりなどの協働について自らの経験を交えて重要性を唱えている。

　ティルク氏は本書の中で，IB の公式資料の中に，学校図書館／員についての記述が少ない，ガイドラインがないことで学校図書館がうまく活用されていないのではないかという問題提起をした。その結果，IB の文書に上記したような，学校図書館／員に関する記述が生まれ，IB において学校図書館がより活用されるようになった。ティルク氏の問題提起を日本の文脈に当てはめてみる。IB の公式資料は日本の教育でいえば学習指導要領に相当するところで，学習指導要領に「学校図書館／員」に関する記述が少ない，「学習指導要領　学校図書館／員編」がないといっていたようなものである。IB と同じく学校図書館／員に関する文言を学習指導要領に増やすことで学校図書館の利活用がより促されるのは，IB 教育によって実証済みである。

日本における IBDP の学校図書館とは

　日本の通常の一条校（学校教育法第一条で定められる学校。学習指導要領に沿って通常進められるカリキュラムをもつ学校）と，一条校でかつ IB 校である学校との違いは何か。

　第一に，日本の教育は，科目内容を広く浅く学ぶのに対し，IBDP のプログラムは欧米の教育と似ており，狭く深く学ぶ。IBDP の教員は，どの部分を深く教えるのかを自ら選択し，また生徒も自らが探究する範囲を自ら選ぶ。概して，IB がある程度の範囲や方策は示しているが，日本のように検定教科書というものが IB には存在せず，教員自身が単元を計画し，授業を実践する。そしてもちろん教員や生徒の選択する範囲が狭く深くなれば，学校図書館に求められる資料もさらに専門的な内容になる。学校図書館資料の充実を進めつつ，公共図書館や大学図書館に図書の長期貸し出し協力の依頼をしたり，外部の図書館に生徒が直接足を運ぶよう促すなども積極的に取り組む。

　第二に，日本の一条校で IBDP のフルディプロマの取得をめざす場合，生徒は DP 科目をすべて英語で履修する，ないしは半分の IBDP 科目を英語で履修し半分を日本語で履修するいわゆる日本語デュアルランゲージプログラムと呼ばれる形で履修することが通例である。したがって，IBDP のニーズに合わせた蔵書構築をするためには，日本語のみならず，相当量の英語の資料の充実も求められる。

　また，IB カリキュラム経験者の多くは，学校図書館の重要性を理解しているため，学

校図書館に対してサポーティブな同僚となる。また，英語ネイティブ教員は，自身が生徒だった頃の学校図書館経験の多さや IB の資料の多くが英語で書かれていることが起因しているのか，学校図書館に対して協力的であることも多い。ここからいえることとして，IB の教育理念を把握・理解している人材を増やすことで，学校図書館の利活用の機会はより増えるであろう。本書には実践で活用できる巻末付録などの資料もついている。学校図書館の発展に大いに役立つものであろう。

IB に関する情報にアクセスするには

　本書の前半は主に IBDP の仕組みが書かれている。IBDP プログラムは，6 年ごとに科目の内容が更新されるため，現在とは科目の内容・課題などが変わっている部分もあるが，10 の学習者像（ラーナープロファイル），コアである EE，TOK，CAS などの大枠は変わらない。最新の IB のプログラムについて詳しく知りたい場合は，IB の公式文書を参照されたい。IB の公式文書は IB のウェブサイト（https://www.ibo.org/）より，IB 校の教職員であれば，DP コーディネーターから発行される IB とパスワードを用いて My IB 経由で「Programme Resource Center」より閲覧可能である。

　実際に図書館員向けの IB ワークショップを受けてみるとよい刺激を受けることができる。Cat1 の IB 初心者向けのワークショップであれば IB 校の教職員でなくとも誰もが参加可能である。IB ワークショップのほとんどは 3 日間で構成される。ワークショップのはじめに，現状で自らが働く図書館で満足していること・課題などのソート分析を行う。3 日間の中で他のワークショップ参加者やワークショップリーダーから知識やうまくいった・いかなかった事例，アイディアをディスカッションなどを通して互いに吸収する。最終日に，はじめに考えた課題などを振り返り，現場に戻ってからのアクションを考えることが促される。ここでも同じく，図書館員だけではなく，すべての読者の方に，この図書を読んで何かアクションを起こすきっかけになれば幸いである。

中田　彩

　なお，本書の翻訳プロジェクトは，日本のＩＢ校で日頃から奮闘ご活躍されている 3 名の方々の協力があってこそ始まったものでした。伊藤佐保里・加藤領子・向井敦子（五十音順，敬称略）の各氏には心より感謝申し上げます。また，翻訳にあたって多くの有益なアドバイスを頂いたダッタ・シャミ氏と，出版を後押ししてくださいました学文社の皆さまにも感謝いたします。

訳者一同

索　引

著者紹介

[原著者]

アンソニー・ティルク〔Anthony Tilke〕

オランダ・ハーグにあるアメリカンスクール図書館長，博士（Ph.D）
国際バカロレア・ディプロマプログラム（IBDP）における学校図書館に
実務，理論両面で長く携わる国際的リーダーの一人。

[監訳者]

根本　彰　東京大学名誉教授

著書：『教育改革のための学校図書館』（東京大学出版会，2019），
　　　『アーカイブの思想—言葉を知に変える仕組み』（みすず書房，2021）

[訳　者]

中田　彩　大阪市立水都国際中学校・高等学校司書教諭

松田ユリ子　神奈川県立新羽高校学校司書，法政大学兼任講師

著書：『学校図書館はカラフルな学びの場』（ぺりかん社，2018）

国際バカロレア教育と学校図書館
──探究学習を支援する──

2021年10月25日　第1版第1刷発行

著者　アンソニー・ティルク
監訳　根本　彰
翻訳　中田　彩
　　　松田ユリ子

発行所　田 中 千 津 子

発行者　株式会社 学 文 社

〒153-0064　東京都目黒区下目黒3-6-1
電話　03(3715)1501(代)
FAX　03(3715)2012
https://www.gakubunsha.com

Japanese Translated Copyright © NEMOTO AKIRA 2021
乱丁・落丁の場合は本社でお取替します。
定価はカバーに表示。

印刷所　新灯印刷株式会社

ISBN 978-4-7620-3106-9